KB203822

부활이 있기에

믿음이란 한 알의 밀알이 땅에 떨어져 죽음으로 많은 열매를 맺음과 같이 진리의 열매를 위하여
스스로 죽는 것을 뜻합니다. 눈으로 볼 수는 없으나 영원히 살아 있는 진리와 목숨을 맞바꾸는
자들을 우리는 믿는 이라고 부릅니다. 「믿음의 글들」은 평생, 혹은 가장 귀한 순간에 진리를 위하여
죽거나 죽기를 결단하는 참 믿는 이들의, 참 믿는 이들을 위한, 참 믿음의 글들입니다.

부활이 있기에

고린도전서 15장으로 복음 되짚기

이승장 지음

홍성사

일러두기

- 개역개정을 제외한 다른 번역본은 표기하여 구분하였다.
- 고린도전서 15장은 성경 약자를 생략하였고, 이외의 성경 본문은 약자를 표기하였다.
- 장 마지막에 제시된 '하나님과 나', '그리고 우리'의 질문은 개인 묵상과 소그룹 대화에 활용할 수 있다.

복음이 살려 낸다

하나님의 아들 예수 그리스도의 복음의 시작이라 **막 1:1**

주께서 너희를 우리 주 예수 그리스도의 날에 책망할 것이
없는 자로 끝까지 견고하게 하시리라 너희를 불러 그의
아들 예수 그리스도 우리 주와 더불어 교제하게 하시는
하나님은 미쁘시도다 **고전 1:8-9**

소년 시절에 품었던 로망이 있었습니다. 착하고
아름다운 여자와 결혼해서 예쁜 딸을 갖는 것이었습니다.
외모나 천성이 남자 같던 어머니, 형부터 아우까지 주르륵

네 형제가 거칠게 자라면서 누나나 여동생이 있는 친구가 부러웠습니다. 군 복무 중 사무엘서를 읽다가 딸의 이름을 '한나'라고 지어 둘 정도였습니다.

아, 꿈이 이루어졌습니다. 예쁘고 맘씨 고운, 그리고 예수님을 사랑하는 여자와 부부가 되어 첫딸을 낳은 것입니다. 한나가 자라 학교에서 글 읽기를 시작할 무렵, 언제나 착하고 기특할 만큼 말을 잘하고 엄마를 닮아 애교가 많았습니다. 그 시리도록 가난하고 고달픈 간사 시절, 집에 돌아와 안아 올려 주면, 내 눈에 자기 눈을 맞추며 "난, 아빠 사랑해" 하며 뽀뽀해 주는 딸이었으니 꿈이 이루어진 것이었습니다.

1977년 4월 6일 고난주간에 딸 한나가 8년 2개월의 세상살이를 마치고 우리 곁을 떠났습니다. 50년 가까운 시간이 흐른 지금도, 딸이 생각나면 가슴이 먹먹해지고 눈가에 눈물이 고이며 아무것도 하지 못한 채 멍하니 딸을 그리워하게 됩니다. 딸과 우리는 지상에서 마지막 작별 인사도 제대로 나누지 못하고 헤어졌습니다. 아니, 우린 병상에 누워 있던 딸에게 말할 수 있었습니다. "한나야, 건강해져서 만나자." 딸은 입에 호스가 끼어 있는 채로 수술실로 들어가고 있어서 입을 열 수 없었답니다. 그 크고 예쁜 눈으로 엄마 아빠를 마지막으로 바라보며 눈물방울을 떨어뜨렸습니다. 딸은 엄마와 함께 암송하던 말씀을 외우는 듯, 입술을 오므리다가 수술실로 들어간 듯했습니다. 그러니까, 이 말씀은 우리에게 남긴 유언인 셈입니다.

> 예수께서 이르시되 나는 부활이요 생명이니 나를 믿는 자는 죽어도 살겠고 무릇 살아서 나를 믿는 자는 영원히 죽지 아니하리니 이것을 네가 믿느냐 요 11:25-26

우리 부부는 종로와 신촌에서 후배 학생들과 함께 성경을 공부하며 예수님을 전하던 선교단체 목자들이었습니다. 우리가 대학을 다니고 간사로 섬기던 1960-70년대 대한민국은 가난, 절망, 죽음의 땅이었습니다. 대학생들을 기독교 신앙으로 섬기면서 가진 꿈은 다분히 민족주의 이상에 더 가까웠습니다. 민족상잔의 비극, 군사혁명의 억압 등 가난하고 수치스러운 민족사를 청산하고 유럽, 미국과 같이 선진 기독교문화가 꽃피는 성서한국을 이루려는 꿈을 불태우던 때였습니다.

딸의 죽음은 우리 신앙을 뿌리째 흔들었습니다. 물론 학생들 앞에서는 의연하게 말씀을 전하며 죽은 자의 부활을 믿는다고 고백했습니다. 그러나 혼자 있을 때면, 의지적 고백과 나의 실존이 다투고 있었습니다. 겉으로 꿋꿋해 보이려고 애쓸수록 마음 저 깊은 곳에서는 딸의 존재 상실, 말이나 글로 표현할 수 없는 헛헛함, 자책, 무기력, 의욕 상실, 원망 등이 슬픔과 묘하게 어우러져 죽어 버리고 싶은 충동에 잡힐 때도 있었습니다. 아침 이슬 사라지듯 흙으로 가 버린 딸이 보고 싶어지면, 나보다 만 배는 더 슬퍼하는 아내 몰래 딸의 자취를 좇아 이대 연대 서강대 근처, 딸의 궤적을 더듬어 딸과 살았던 열 군데도 넘는 집 앞을 마냥 걷기도 했습니다. 더구나 심장에 장애를 가진 채 태어나 늘 아프던 딸을 훌쩍 데려가 버린 그분을 원망하며 괴로워했습니다. 그토록 목숨 걸고 간구했는데도 들어주지 않은 기도 효용에 대한 회의와 좌절이 겹쳐 오면 그야말로 내 영혼의 깊은 밤을, 사망의 음침한 골짜기를 터벅터벅 절룩이며 걸어야 했습니다. 돌아보면, 죽음 연구학자들이 지적한 그대로 충분한 애도 기간을 갖지 못해 죽음에 이르는 병을 앓아야 했습니다.

　　아픈 아기의 배를 어루만져 주는 엄마의 손길처럼, 시간은 하나님이 슬픔을 달래 주시는 치유의 손길이라 할 수 있을까요. 몇 달이 지난 후 저녁 시간에

우리 부부는 부활의 장, 고린도전서 15장을 함께 읽고
또 읽었습니다. 딸이 떠난 그 고난주간에 형제자매들과
불렀던 "하늘에 찬송이 들리던 그날"로 시작하는 찬송을
부르곤 했습니다(찬 168장). 후렴 가사, "살아서 사랑,
죽어서 구원, 묻혀서 내 죄를 담당하사 부활로 우리를
구하신 예수, 다시 오시리 영광의 그날"을 함께 부를
때면 어김없이 우리는 부둥켜안고 꺼이꺼이 목을 놓아야
했습니다.

조금씩 아주 조금씩 우리는 살아났습니다.
진정한 위로, 치유, 회복, 소망을 경험했습니다. 부활이요
생명이신 그분은 최선의 노력으로 이겨 내라고 매몰차게
내버려두지 않았습니다. 넘어지면 일으켜 주시고, 지치면
쉬게 하시고, 상처에서 진물이 나면 친히 싸매서 치유해
주시며 푸른 풀밭과 잔잔한 물가로 인도해 주셨습니다.
사망의 음침한 골짜기 너머 부활과 하나님 나라를 바라게
하시며, 마침내 "내 잔이 넘치나이다"라고 고백하게
하셨습니다. 그러니까 고린도전서 15장의 복음 진리가
우리를 살려 낸 것이었습니다.

딸 하나는 부활의 복음을 깊이 모르던 엄마
아빠에게, 그리고 유난히 누나를 잘 따르던 아우 요셉과
사무엘에게, 외아들을 죽도록 내어 주신 하나님 사랑과

죽은 지 사흘 만에 살려 내신 하나님 능력을, 또한 주를 믿는 자에게 유산으로 주시는 하나님 나라가 무엇인지를 온몸으로 보여 주고 하나님 품에 안겼습니다. 하나님이 8년 동안 우리에게 천사를 보내셨다가 당신의 사랑과 능력과 살아 계심을 가르쳐 주고 데려가신 것이라고 생각하게 합니다.

성경 공부와 딸의 죽음을 통해 주의 십자가와 부활의 복음, 하나님 나라 복음을 확신하게 된 우리 부부는, 그간 여기저기서 그리스도의 생애, 교훈, 십자가와 부활, 승천과 재림, 하나님 나라를 증거하며 살아왔습니다. 딸이 그토록 아끼던 두 아우도 각각 순정, 희진과 함께 장차 누나 만나는 날, 이 땅에서의 삶을 부끄러움 없이 간증하겠다는 듯, 가정과 일터에서 복음 증거에 최선을 다하고 있습니다. 예수님을 사랑하는 대학생 손자 다니엘과 갈렙, 중학생 손녀 요엘이 할아버지가 쓴 책을 읽고 복음을 이해하는 데 도움이 되기를 은근히 기대합니다.

고린도전서 15장은 성경 전체에서 그리스도의 복음을 가장 자세히 알려 주는 장입니다. 그런데 쉽지 않습니다. 경험하지 못한 사후세계까지 다루기에, 접근이 간단하지

않습니다. 그러나 시간과 정성을 바쳐 공부하면 기대한
것보다 더 놀라운 은혜를 맛볼 수 있는 장이기도 합니다.

 언젠가는 부활의 복음을 잘 풀어서 책으로
내려고 했지만, 글을 써 놓고 늘 마음에 들지 않아
지금까지 미루어 왔습니다. 더 망설일 수 없는 나이가
되었습니다. 이 글을 쓰는 도중에 실신해서 119 구급차를
타고 응급실로 실려 간 적도 있고, 번아웃을 느끼며
어지러움에 시달릴 때도 있었습니다. 병약한 노인이 쓸
책 주제는 아니다, 후배들 가운데 훌륭한 분이 나오리라
기다리며 포기하려 했습니다. 그런데 암 환자 출신인
내 건강을 극진히 보살피는 아내지만, 제가 그만두려
할 때마다 이 책만큼은 죽기 전에 꼭 써야 한다며 힘을
복돋워 주었습니다. 그러니까 이 책은 기도한 아내
정금자와 그 기도 응답으로 성령의 도움을 받아 자판을
두들긴 제가 함께 쓴 책입니다. 어쨌든 딸이 우리에게
남겨 놓은 생명과 맞바꾼 소중한 부활의 복음 선물을 이
땅의 하나님 자녀들과 나누려는 사무친 간절함이 이 책을
내도록 도왔습니다.

말기 암 환자 같은 현대 기독교회를 살려 내는 길은
오직 복음으로 돌아가는 길밖에 없다고 외치는 소리가

높아지고 있습니다. 이 책을 쓰면서 저는 '복음 신학' (Gospel Theology)의 중요성을 새롭게 확인하고, 복음을 주제로 한 존 스토트, 리처드 프랜스, 팀 켈러, 톰 라이트, 위르겐 몰트만, 레슬리 뉴비긴, 크리스 라이트, 폴 비슬리머레이, 폴 워셔, 매트 챈들러, 사이먼 개더콜 등의 해외 신학자들과 김홍전, 김세윤, 김재진, 김회권, 김형국, 노종문 등의 책을 읽고 배웠습니다. 여러 성경 주석서와 신학 서적도 참고했습니다. 이미 복음에 관한 좋은 책들이 충분하다는 생각도 없지 않았지만 기어이 이 책을 내는 이유는, 이 글이 갖가지 짝퉁 복음으로 혼란스러워하는 그리스도인들에게 도움이 되리라고 믿기 때문입니다. 저는 간증이나 예화를 최소화하고, 본문과 복음을 친절하게 설명하는 강해에 더 정성을 바쳤습니다.

　　이 책을 쓰면서 시대에 어울리지 않는 표현이나 접근 태도가 있을까 봐, 각 세대에 한 분씩 젊은 친구들의 도움을 받아 여러 번 새로 썼습니다. 이해민 (20대), 검광우(30대), 배은지(40대), 박현철(40대), 임완철 (50대) 님들이 글의 내용과 표현에 대해 비판과 조언을 주었습니다. 고마운 인사를 올립니다. 홍성사 정애주 대표 그리고 편집 과정에서 보여 준 박혜란 님을 비롯한 홍성사 가족들의 깐깐한 도움에 감사드립니다. 이 책이 그리스도를 높이고 하나님께 영광 돌리며, 독자들에게 책 읽는 기쁨과 보람을 더해 주고, 부활의 복음 능력으로 사람과 교회와 세상을 살려 내는 데 조금이라도 쓰임받길 마음 모아 기도합니다.

2025년 부활절을 앞두고, 이승장

차례

1.

복음
되짚기

¹형제자매 여러분, 내가 여러분에게 전한 복음을 일깨워 드립니다. 여러분은 그 복음을 전해 받았으며, 또한 그 안에 서 있습니다. ²내가 여러분에게 복음으로 전해드린 말씀을 헛되이 믿지 않고, 그것을 굳게 잡고 있으면, 그 복음을 통하여 여러분도 구원을 얻을 것입니다. ³나도 전해 받은 중요한 것을 여러분에게 전해 드렸습니다. **15:1-3상, 새번역**

1979년, 영국 교회를 처음 방문했던 저는 엄청난 충격을 받았습니다. 대부분 죽어 가는 노인 모습이었기 때문입니다. 그나마 생기 있는 좋은 교회들이 드물게 있었습니다. 한국 교회도 비슷해지고 있습니다. 코로나 19가 맹위를 떨치던 2020년 이래 교인 수가 급감했고, 어린이, 청소년, 청년대학부가 사라진 교회들이 부지기수로 많아졌습니다. 그런데 이렇게 죽어 가는 교회도 있지만 살아 있는 교회도 적지 않습니다. 왜 이런 차이가 생길까요? 어떻게 다시 살려 낼 수 있을까요?

우리가 함께 살펴볼 고린도교회는 바울이 1년 6개월 동안 전도해서 세워졌습니다. 그런데 설립한 지 10년도 안 되어 위기를 맞았습니다. 지도자 중심의 분열, 거짓 선생의 가르침, 성도들의 영적 미숙, 불륜, 성령 은사로 인한 혼란 등 나쁜 소식이 들려왔습니다. 당시 에베소에 있던 바울은 정확한 진단을 내리는 명의처럼, 교회가 '복음 결핍증'에 걸려 죽어 간다고 진단했습니다. 그리고 복음을 새롭게 깨닫고 깊게 배워야 생명력을 회복한다고 처방을 내립니다. 교회는 복음으로 세워지고 모든 활동이 복음 중심으로 이루어져야 건강한데, 복음을 무시하고 혼잡하게 해서 생명력을 잃는다는 것입니다. 우리가 섬기는 교회는 어떤 상태에 있을까요?

자, 본문을 자세히 읽어 봅시다. 바울은 15장 서두에서 '복음'을 가리키는 대명사를 포함하여 일곱 차례나 '복음'을 반복합니다. 복음을 "일깨워 드립니다"라는 말은 헬라어로 그노리조(γνωρίζω, gnorizo), '알게 한다'(make known, remind)는 의미입니다. 전자제품이 제대로 작동하지 않을 때 '초기화'하면 제대로 성능을 발휘합니다. 나와 신앙공동체의 영적 상태가 건강하지 못하다면, 처음으로 돌아가 복음 진리와 그 부요함을 깨닫고, 복음의 내용인 예수 그리스도와의 처음 사랑을 회복하며 되살아나게 되는 것입니다.

과연 나 그리고 내가 섬기는 교회는 복음을 바르게 알고 전하고 있을까요? 복음은 아이들이 이해할 수 있을 만큼 단순하면서도, 평생 연구한 신학자도 그 오묘한 진리와 풍성한 내용을 다 알기 힘듭니다. 머리로 안다 해도, 마음으로 깨닫고 누리는 건 또 다릅니다. 그래서 지금부터 어린이 같은 호기심으로 복음 초기화 버튼을 눌러 보며, 복음의 기본 진리부터 살펴 가려고 합니다. 신앙의 활력과 면역력을 위해 기도하면서, 딱딱하게 여겨지는 부분도 에이, 어렵네 하고 미리 포기하지 않기를 부탁드립니다.

복음이란 무엇인가

복음은 원어로 유앙겔리온(εὐαγγέλιον, euangelion), 곧 "좋은 소식"(good news), "반가운 메시지"(사 52:7)란 뜻입니다. 세상에는 기분 나쁜 메시지, 슬픈 소식, 가짜 뉴스가 넘쳐납니다. 복음서에서 제일 먼저 복음을 전한 이는 천사, 받은 이들은 첫 성탄절 베들레헴 들녘에서 양 치던 목자들이었습니다.

> 천사가 이르되 무서워하지 말라 보라 내가 온 백성에게
> 미칠 큰 기쁨의 좋은 소식을 너희에게 전하노라
> 오늘 다윗의 동네에 너희를 위하여 구주가 나셨으니 곧
> 그리스도 주시니라 **눅 2:10-11**

여기서 열쇠단어는 '구주, 그리스도, 주'입니다. 복음은 하나님이 세상을 구하려고 외아들 예수를 메시아, 곧 그리스도, 주로 보내셨다는 기쁜 소식입니다. 그러므로 복음 이해는 예수 그리스도가 누구시며, 우리를 위해 무슨 일을 행하셨는가를 아는 데 집중할 필요가 있습니다. 이는 기독론, 구원론이라는 학문 체계입니다. 고린도전서에서 우리는 복음 진리를 맛있게 배우고 은혜를 받으려 합니다.

다룰 주제가 많아 보여도, 가짓수 많은 한정식처럼 영적 양식을 다양하게 즐길 수 있기를 바랍니다.

복음이 왜 필요할까요? 성경은 하나님 없는 사람을 죄로 죽은 자, 죽어 가는 자로 봅니다. 생명의 주인을 등지고 떠난 사람은 누구나 죄에 얽매여 생명을 잃습니다. 인간의 운명을 흔히 포로수용소에서 강제 노동하는 노예로 비유합니다. 복음이란 죄의 노예에게 "예수가 죄인을 구하러 메시아로 오셨다!"는 노예 해방 소식입니다. 예수님이 죽어 가는 자를 살려 내는 구원자요, 망조 든 세상을 생명의 빛 찬란한 하나님 나라로 바꾸시는 통치 왕으로 오셨다는 "큰 기쁨의 좋은 소식"입니다.

복음의 성격은 집 나갔던 탕자가 아버지 집에 돌아와 즐기는 잔치와 같습니다(눅 15장, 마 22장). 교회를 오래 다녀도 생명을 살리고 자유와 부요, 기쁨과 희망을 주는 복음을 알지도 누리지도 못하는 사람이 있습니다. 결혼 잔치에 초대받아서 그 맛있고 영양 많은 음식과 포도주를 맘껏 즐기지 못하고 국수 한 그릇만 달랑 먹고 서둘러 돌아오는 꼴 아닐까요.

복음의 기원은 하나님이십니다(롬 1:1). 어떤 종교 천재가 "공교히 만든 이야기"(벧후 1:16)가 아닙니다. 하나님으로부터 비롯됐으니 상대주의 세상에서도 절대 권위를 지닌 "복음 진리의 말씀"(골 1:5)입니다.

사도들이 처음 전했듯이 복음의 내용은 "예수가 메시아, 그리스도다!"입니다. 'Christ'는 히브리어로는 메시아, 희랍어로는 그리스도, 한자로 쓰면 '기독'(基督)으로 구원해 주는 왕을 가리키는 단어입니다. 바울은 3, 4절에서 예수가 그리스도라는 증거는 우리 죄를 위하여 죽으신 십자가와 다시 살아나신 부활 사건이라고 소개합니다.

> 그것은 곧, 그리스도께서 성경대로 우리 죄를 위하여 죽으셨다는 것과, 무덤에 묻히셨다는 것과, 성경대로 사흗날에 살아나셨다는 것과, 게바에게 나타나시고 다음에 열두 제자에게 나타나셨다고 하는 것입니다.
>
> **15:3하-5, 새번역**

복음을 피상적으로 협소하게 아는 것이 어린 그리스도인들의 특징입니다. 복음의 내용에는 구약에 예언된 메시아의 인격과 사역, 4복음서에 기록된 그리스도의 성육신, 삶, 가르침, 고난과 죽음, 부활과 승천, 등극과 재림 등 "하늘을 두루마리 삼고 바다를 먹물 삼아도 다 기록할 수 없을 만큼" 풍성합니다(요 21:25). 그렇다고 성경이 모두 복음은 아닙니다. 심금을 울리는 시, 자기계발서류의 교훈, 야한 연애 이야기도 있습니다. 구약학자 크리스토퍼 라이트는 복음은 주의 십자가와 부활만 달랑 외우는 것으로 충분하지 않고, 최소한 아래 내용을 아는 것이 필수라고 말합니다.[1]

- 하나님은 그분의 아들을 세상에 보내셨다.
- 하나님은 그분이 이스라엘에 대해 하신 약속을 지키셨다.
- 예수님은 죽으셨다가 다시 살아나셨으며 지금 왕으로서 다스리고 계신다.
- 예수 그리스도의 이름으로 회개하고 그분이 십자가에서 흘린 피를 믿음으로 우리는 죄 사함 받을 수 있다.
- 그리스도는 영광 중에 다시 오실 것이다.
- 하나님 나라는 새로운 창조 안에서 온전하게 세워질 것이다.

저는 맨 처음에 "하나님이 사람과 세상을 창조하셨으나, 사람이 하나님을 배반하고 죄로 죽게 되었다"는 내용이 포함되어야 한다고 생각합니다. 성경의 주제가 그리스도이므로 복음의 내용은 무궁무진합니다.

---

1   크리스토퍼 라이트, 《하나님의 선교》, (한화룡 옮김, IVP, 2010), 393.

그래서 복음 신앙으로 사는 자는 복음이 주는 은혜를 무제한으로 누립니다.

복음 선포

복음은 좋은 소식이므로 널리 알려야 합니다. 복음 선포[전도, 설교]를 헬라어로 케리그마(κήρυγμα, kerygma)라고 하는데, '교훈'이란 뜻의 디다케(Διδαχή, didache)와 구분합니다. 설교자는 교훈도 전하지만, 기본적으로 복음 전파자입니다. 그런데 가슴 아픈 일입니다. 강단에서 케리그마가 실종된 듯합니다. 설교 시간에 '아름다운 말'로 상담이나 위로, 간증, 예화, 성공 비결, 정치나 상식적인 가르침, 치유 상담, 교양 강좌가 대유행입니다. 교인 수를 늘리려면 어쩔 수 없다는 목사도 있습니다. 교회가 교회다워지려면 반드시 복음을 듣고 회심해서 구원받는 자가 생겨야 합니다(행 2:47). '교회 개혁' 깃발을 내건 교회에, 다른 교회에서 실망한 교인들이 수평 이동해서 교회가 대형화되는 현상이 생기고 있습니다. 그들이 치유받은 후 다시 돌아가 복음을 전해서 교회를 개척하도록 격려해야 교회다워지지 않을까요.

팀 켈러는 주일 강단에서 구약을 포함하여 성경 본문으로 그리스도를 증거하라고 주장합니다.

교훈적 설교를 피하는 주요 방법은 언제나 모든 본문의
궁극적 지향과 메시지로서 예수님을 분명히 설교하는
것이다.[2]

　　아테네 사람처럼 "무엇이나 새로운 것을 말하고
듣는 일로만 세월을 보내는 사람들"(행 17:21)이 기독교
간판을 걸고 하는 종교 비즈니스는 타락한 것입니다.
복음을 혼잡케 하는 다른 복음을 전하는 사기꾼들이
많습니다. 교회 와서 성공하라, 부자 되라, 풍성하라는
듣기 좋은 말로 유혹하는 건 싸구려 은혜, 복음
바겐세일이요, 그리스도 알맹이 없는 껍데기입니다.
"껍데기는 가라"고 외쳐야 할 때가 아닌가요? 오죽하면
예수를 바르게 믿고 따르기 위해 교회를 떠난다는 말까지
들릴까요. 바울은 그리스도의 십자가와 부활의 복음
외에 '다른 복음'을 전하는 자들을 저주했습니다(갈 1:9).
그리스도를 전하지 않는 교회는 교회가 아닙니다.

2　　팀 켈러·마이클 호튼·데인 오틀런드,《복음으로 세우는 센터처치》,
　　　(오종향 옮김, 두란노, 2018), 188.

복음의 목적은 총체적 구원이다

내가 여러분에게 복음으로 전해드린 말씀을 헛되이
믿지 않고, 그것을 굳게 잡고 있으면, 그 복음을 통하여
여러분도 구원을 얻을 것입니다. **15:2, 새번역**

복음은 모든 것을 포함하며 모든 것에 영향을
끼칩니다. 2절 하반절은 "그 복음으로 구원을 받습니다"
라는 현재형이 원어에 충실한 번역입니다.

죽은 후에 얻는 영혼의 구원으로 구원을
제한시키는 분이 많습니다. 아닙니다. 주님은 온 우주의
창조주요 통치자요 심판주이시므로, 구원은 사람의 몸과
영혼, 세상의 모든 지역과 영역, 거대한 우주와 미세한
피조세계를 포괄하는 총체적 구원입니다. 죽은 후에
영혼만 천국에 가는 게 아니라, 예수 믿는 그 순간에 하나님
자녀로 영생을 얻습니다. 영생은 죽어서 영혼이 구원받을
뿐 아니라, 주의 재림 때에 몸도 부활하여 새 하늘과 새 땅,
하나님 나라에 들어가는 하나님의 생명입니다.

구원이 진정한 자유다

그리스도는 우리를 죄, 율법, 사망, 사탄의 노예

상태로부터 구원합니다. 이런 성경 단어가 실감나지 않는 현대인에게 '구원'을 호소력 있게 설명하는 개념이 '자유'입니다.[3] 소극적으로는 주의 십자가와 부활로 죄책감과 자아(ego)와 두려움으로부터 자유를(freedom from), 적극적으로는 주의 사랑에 감동받아 자발적으로 그리스도를 사랑하고 이웃을 사랑하게 합니다(freedom to). 구원받은 자는 사랑이 인생의 목표가 됩니다(갈 5:1, 13).

복음의 근거는 성경입니다.

> 그것은 곧, 그리스도께서 성경대로 우리 죄를 위하여 죽으셨다는 것과, 무덤에 묻히셨다는 것과, 성경대로 사흘날에 살아나셨다는 것과 **15:3하-4, 새번역**

> 이 복음은 하나님이 선지자들을 통하여 그의 아들에 관하여 성경에 미리 약속하신 것이라 **롬 1:2**

하나님은 메시아를 통한 인류 구원 드라마 각본을 성경에 기록하시고, 예수님을 주연으로 등장시켜 친히 연출하셨습니다. 그렇다고 성경 전체가 복음이라고

---

3   존 스토트·팀 체스터, 《복음》, (정옥배·한화룡 옮김, IVP, 2021), 50-62.

말하지는 않습니다. 성경에는 복음서 외에도 이스라엘 역사, 시문학 등의 장르가 있지만, 혈관을 흐르는 주제는 그리스도의 피를 통한 하나님의 구원 이야기입니다. 제가 청년일 때 성경을 복음의 상징인 피 색깔로 칠했었습니다. 천지는 없어져도 복음의 말씀은 결코 없어지지 않습니다 (벧전 1:24-25).

그러므로 복음을 알기 위해서는 성경 읽기가 필수입니다. 성경을 읽되 그 주제가 되는 그리스도를 아는 지식을 가장 소중하게 여기면서, 4복음서부터 예수님을 알려는 간절한 마음으로 읽기를 권합니다. 그리스도를 앎이 영생입니다(요 17:3). 누구나 연인에게서 메시지가 오면 자세히 읽으면서 그를 잘 알고 싶어 하지 않습니까.

복음은 믿음을 요구한다

요한이 잡힌 후 예수께서 갈릴리에 오셔서 하나님의 복음을 전파하여 이르시되 때가 찼고 하나님의 나라가 가까이 왔으니 회개하고 복음을 믿으라 하시더라 **막 1:14-15**

예수님은 우리의 반응을 귀하게 여기는 인격적인

분이십니다. 잔치를 베풀지만 사람을 억지로 끌고
오는 분이 아니라, 초청받은 사람의 자유로운 선택을
존중하십니다. 그렇다면 복음을 받아들여 내 것으로 삼는
길은 무엇일까요?

믿음 출발: 회개와 믿음

먼저 회개하고 믿어야 합니다(막 1:14-15). 회개란
자기 중심에서 하나님 중심으로 인생의 방향을 바꾼다는
말입니다. 믿음이란 신념 같은 심리작용이 아니라 마음을
열어 살아 계신 인격이신 예수를 나의 구주, 삶의 주인,
왕으로 모시겠다는 결심을 말합니다. 이때 하나님 자녀가
되는 신분의 변화가 일어납니다. 회개와 믿음은 성령의
도움으로 동시에 일어나는데, 이를 회심(conversion)이라고
합니다.

믿고는 싶은데 믿음이 안 생겨 고민하는 분이
어떻게 믿음을 가질 수 있을까요? 믿음은 '믿는' 것이지,
가만히 있어도 '믿어지거나 생기는' 게 아닙니다. 스스로
선택하고 책임지는 결단이 필요합니다. 고마운 것은
우리가 기도하면 성령께서 기특하게 여기셔서 믿음을
선물로 주십니다. 그래서 믿게 되는 것이야말로 하나님의
은혜입니다(엡 2:8).

헛되이 믿을 위험

내가 여러분에게 복음으로 전해드린 말씀을 헛되이 믿지
않고, 그것을 굳게 잡고 있으면. **15:2상, 새번역**

바울은 복음을 전하면서 두 적대 세력들과 싸워야
했습니다. 율법을 잘 지켜야 구원받는다고 가르치는
유대주의자들[종교인들], 영혼이 구원받아 사후보장보험에
가입했으니 사는 동안 아무렇게나 살아도 된다는
영지주의자[도덕폐기론자]들이었습니다. 현대 한국사회에서는
성실을 중시하는 도덕주의자들과 실리와 쾌락을 추구하는
현실주의자로 구분할 수 있을 것입니다. 주의 복음 외에
거짓 선생의 가르침은 겉모습이 어떻든 모두 '다른'
복음입니다. 그리스도인은 바름과 그름을 가릴 줄 아는
분별력이 있어야 합니다. "믿습니다!"보다 "생각하라!"가
더 중요합니다. 헛된 믿음에는 외적 언행, 내적 성품의
열매가 따르지 않습니다. 예수님은 이렇게 가르치셨습니다.

나더러 주여 주여 하는 자마다 다 천국에 들어갈 것이
아니요 다만 하늘에 계신 내 아버지의 뜻대로 행하는
자라야 들어가리라 **마 7:21**

이 말씀은 고의적이고 습관적으로 주의 뜻을 거역한다면, 구원이 폐기될 위험도 있다는 경고입니다(히 6:4-6). 바울은 명합니다.

> 그러므로 나의 사랑하는 자들아 너희가 나 있을 때뿐 아니라 더욱 지금 나 없을 때에도 항상 복종하여 두렵고 떨림으로 너희 구원을 이루라 **빌 2:12**

여기서 "이루라"는 카테르가제스테(κατεργάζεσθε, katergajesthe), '~을 이루어 내기 위해 최선을 다하라'는 뜻입니다. 하나님과의 관계가 어긋나고, 죄를 가볍게 여기며 불륜을 저지르는 이중생활은 끔찍한 영적 파탄을 초래합니다.

믿음의 선한 싸움: 굳게 붙잡고 버티기

> 여러분은 그 복음을 전해 받았으며, 또한 그 안에 서 있습니다. 내가 여러분에게 복음으로 전해드린 말씀을 헛되이 믿지 않고, 그것을 굳게 잡고 있으면, 그 복음을 통하여 여러분도 구원을 얻을 것입니다 **15:1하-2, 새번역**

믿음의 여정은 아이의 성장 과정과도 같습니다. 바울은 성도가 복음 신앙에 "서 있고, 헛되이 믿지 않"기를 권합니다. 짧은 1, 2절에 신앙의 보석 같은 교훈이 빛나고 있습니다. "서 있다"란 로마 군인들이 한 손에 방패, 다른 손에 창을 들고 전우와 스크럼을 짠 채 적과 싸우는 모습을 보여 주는 말입니다(빌 1:27). 신앙생활은 넘어졌다 일어났다를 거듭하는 "선한 싸움"입니다(딤후 4:7). 존 번연은 《천로역정》에서 그리스도인을 순례자에 비유했습니다. 그는 멸망의 도시에서 빠져나와 절망의 수렁을 지나 위험과 고난의 좁은 길을 걸으며, 겸손의 골짜기를 거치고 허영 시장과 금광의 유혹과 싸우면서 신실하게 믿음을 지켜 마침내 천성으로 들어갑니다. 하나님께서는 성도가 천성의 테이프를 끊을 수 있도록 이 험한 여정을 친히 도와주십니다. 이것을 장로교 교리에서 '성도의 견인'(perseverance of the saints)이라고 합니다. 우리 편에서도 버텨야 하지만, 넘어질 때 우리를 품에 안아 물과 불을 건너도록 아버지 하나님께서 섬세하고 신실한 사랑으로 돌봐 주십니다(사 43:2).

과거에 믿음을 가졌으나 지금은 주님과의 교제가 끊겨 마음이 헛헛하고 삶의 재미도 활력도 잃은 분들이 계시다면 어떻게 회복할 수 있을까요? 어렵게 느껴지지만 그리 힘들지 않습니다. 부부가 싸워 별거하다가도, 처음 손가락 걸고 약속했던 결혼 언약을 기억하고 다시 만나 대화하고 용서를 구하고 화해하면 다시 헤헤하며 잘 삽니다. 신랑 예수님은 돌아온 나를 품에 안아 주시며, 변함없이 사랑한다 속삭이듯 말씀해 주시고 파티를 준비하십니다. 걱정 붙들어 매십시오. 두려워 마십시오. 좀 뻔뻔해집시다. 주의 품에 돌아오기만 하면 주님은 뿌리치지 않고 받아 주십니다. 상처와 죄책, 무기력을 회복시켜 주시는 은혜와 긍휼이 충만하신 분임을 잊지 말아야 합니다.

내가 생명력과 풍성함을 누리지 못하는 이유는 무엇일까요? 교회에 사랑과 기쁨이 사라지고 쇠락해 가는 이유는 무엇입니까? 어느 분에게서 들은 무서운 말입니다. "예수님이 세상 어디에나 계신데, 교회에만 안 계신 것 같다." 그리스도가 내 삶에서, 교회에서 소외됐거나 무시당했기 때문은 아닐까요? 천하 사람 중에 예수 그리스도 외에 구원받을 만한 다른 이름을 우리에게 주신 적이 없습니다(행 4:12). 구원의 주 예수 그리스도를 높이고 그를 사랑하며 순종하는 것만이 나와 교회, 나라와 세상을 살려 내는 유일한 희망입니다. 이것이 그리스도의 복음입니다.

하나님과 나

——— 내가 경험했던 복음은 무엇이며, 본문을 읽고 난 후 새롭게

깨달은 점이 있다면?

——— 예수님을 믿지만 생명력과 풍성함을 누리지 못한다면 그 이유는

무엇일까요?

그리고 우리

——— 우리 교회는 케리그마적 교회인가요?

——— 복음에 기초한 공동체 활동에 대해 생각해 봅시다.

2.

다시
십자가

3 나도 전해 받은 중요한 것을 여러분에게 전해 드렸습니다. 그것은 곧,

그리스도께서 성경대로 우리 죄를 위하여 죽으셨다는 것과, 4 무덤에

묻히셨다는 것과, 성경대로 사흘날에 살아나셨다는 것과 15:3-4, 새번역

잘 지어진 교회당에 십자가 형상이 보이지 않았습니다.
의아해서 이유를 묻자, 담임목사가 한 말에 가슴이
서늘해졌습니다. "이곳에서 십자가는 혐오시설입니다."

바울이 이 서신을 보내는 고린도에서도
마찬가지였습니다. 십자가에서 죽은 자가 세상의
메시아라는 주장이 "유대인에게는 거리끼는 것이요,
이방인들에게는 어리석은"(고전 1:23) 말로 들렸습니다.

어려서부터 예수님이 우리 죄를 위해 십자가에서
죽으신 이야기를 많이 들으며 자랐습니다. 하지만
그런가 보다 하고 지나쳤지, 십자가를 개인적으로 직접
연관시켜 생각해 본 적은 없었습니다. 사춘기부터 시작한
정신적 방황이 대학 시절까지 이어져 한참 무신론적
실존주의자들의 책을 즐겨 읽던 3학년 겨울, 친구 따라
성경 공부에 참여하기 시작했습니다. 어느 날 모임을
마치고 의대 형제와 대화를 나누며 걷다가, 그가 불쑥
물었습니다. "승장 형제는 예수님의 십자가 죽음이 나
자신에게 무슨 의미가 있는지 생각해 봤는가?"

그 후, 겨울수양회에서 엄두섭 목사님의 설교를
들었습니다. 십자가 고난은 바로 나의 죄를 대신하신
하나님 아들의 죽음이라고 전하시는데, 그 말씀이
얼음처럼 단단하던 제 마음을 깨부쉈습니다. 겉으론

성실한 학생이지만 속으론 죄책감으로 자학하고, 무의미와
허무감으로 빨리 죽기를 바랐던 나에게 생명의 빛으로
마음을 녹여 준 회심의 순간이었습니다. "너희 죄 흉악하나
눈과 같이 희겠네"(찬 255장), "나 같은 죄인 살리신 그 은혜
고마워"(찬 305장) 찬양을 진정으로 부르게 되었습니다.
그때로부터 60년, 저는 캠퍼스와 교회, 단체의 작고 큰
모임에서 십자가의 사랑에 사로잡힌 자로, 십자가 은혜의
억만분의 일이라도 갚으려는 빚진 심정으로, 낮아지고
가난해지며 십자가의 도를 전하면서 고달프고 영광스러운
길을 걸어왔습니다.

　　　십자가를 생각하면 가슴이 아파 오면서 몇 가지
의문이 솟아납니다. 죄란 게 얼마나 지독하길래 죄 없으신
주님께서 피 흘려 죽으셔야 했을까? 하나님은 왜 사랑하는
아들을 극한 고통으로 죽게 하셔야 했을까? 세상을
구원하는 데 다른 방법은 없었을까? 주님의 십자가가 나와
세상 죄를 대신한 저주요, 형벌이요, 속죄의 희생이라면,
나는 주님 앞에서 어떻게 살아야 할까?

　　　십자가의 말씀은 전하는 자에게나 듣는 자에게
부담이 커서 점점 교회 강단에서 잘 들리지 않고, 교회가
아이들만 모이는 유치원이나 사교클럽 수준에 머문다는
탄식의 소리가 높습니다. 오늘은 이런 질문을 가지고

바울이 전하는 메시지를 용기를 갖고 대면하여 십자가의 사랑을 깨닫고 증거할 수 있도록 성령을 구하며 공부해 보려 합니다.

벌거벗긴 채로

하나님 아들이 벌거벗긴 알몸으로 치욕과 조롱을 받으시며 십자가에 못 박혀야 했다는 사실은 치를 떨게 합니다. 사람은 벌거벗은 채 태어나고, 흙으로 돌아갈 때 다시 벌거벗습니다. 나이 들어 간다는 것은 알몸을 무화과나무 잎으로 가리는 방법, 여러 겹으로 자기를 감추는 기술이 세련되어지는 것이기도 합니다. 알몸으로 못 박히셨던 주님의 십자가 앞에 서면, 우리는 감추어진 추하고 냄새나는 옷을 벗게 됩니다. 위선과 교만, 탐욕과 음란, 편견과 고정 관념의 옷들로 겹겹이 은닉해서 스스로 속이던 참모습을 투명하게 직시하게 합니다.

이윽고 성령께서는 우리로 하여금, 베드로처럼 주 앞에 무릎을 꿇고 "주여, 나를 떠나소서 나는 죄인입니다", 바울처럼 "나는 죄인의 괴수입니다"라고 고백하게 만듭니다. 나의 본능은 싫어 감추며 도망치려 합니다.

그러나 거룩하고 순결한 주의 영이 나를 십자가 앞에
더러운 그대로, 죄지은 이대로 서도록 용기를 주십니다.
마침내 주님 앞에 나의 거짓, 오만, 음란, 시기, 교만과
탐심의 누추한 옷을 벗어 드리게 됩니다.

> 주 달려 죽은 십자가 우리가 생각할 때에
>
> 세상에 속한 욕심을 헛된 줄 알고 버리네
>
> **찬 149장**

찬송가 작사가 아이삭 와츠(Issac Watts, 1674-1748)는
십자가 앞에서 "내 교만심에 경멸을 퍼붓는다"(pour contempt
on all my pride)는 시를 남겼습니다. 바울은 "그리스도께서
우리 죄를 위하여 죽으셨다"고 십자가 복음을 요약합니다.
이 말씀은 짧지만 "어떤 양날칼보다도 더 날카롭습니다.
그래서, 사람 속을 꿰뚫어 혼과 영을 갈라내고, … 마음에
품은 생각과 의도를 밝혀냅니다"(히 4:12). 아프더라도 암
덩어리는 제거해야 깨끗하고 건강하게 살 수 있습니다.
우리도 거짓과 높아진 마음을 내려놓고, 아픈 상처를
부여잡고 용기 내어 낮은 마음으로 십자가에 나아가야
하겠습니다.

십자가 죽음은 사람이 경험할 수 있는 고통과 슬픔,

저주와 실패의 극치였습니다. 그러나 우리 주님의
십자가에서 은혜와 진리, 기쁨과 영광의 극치가 드러납니다.
보배로운 피가 뚝뚝 떨어지는 거기에, 하나님의 공의와
사랑이 나타납니다. 피로 얼룩진 십자가에서 죄 없는
예수님이 우리 대신 희생제물이 되어 생명을 드림으로써,
나 같은 죄인이 생명의 빛을 얻어 살아나게 된 것입니다.
십자가의 복음은 죄인을 살려 내는 하나님의 능력입니다.
십자가를 생각하면 영화 〈패션 오브 크라이스트〉가
연상되는 분도 있을 것입니다. 시각으로 상상하는 감성적
접근도 도움이 되지만, '복음 이야기'보다는 이제부터
좀 어렵게 느껴지더라도 차분하게 '복음 진리'의 말씀을
배우게 되면 유익할 것입니다.

십자가에서 주님이 이루신 일

　　　우리 주님께서 십자가에 못 박히신 날, 한낮
열두 시쯤 갑자기 어둠이 온 땅을 덮어서 오후 세 시까지
계속되었습니다. 세 시가 되자, 예수께서 큰 소리로
울부짖으셨습니다. "엘리 엘리 라마 사막다니? 나의
하나님, 나의 하나님, 어찌하여 나를 버리셨습니까?"

저주받은 하나님의 어린양이 세상 죄를 지고 흑암의 지옥으로 버림받은 울부짖음이었습니다. 사형을 집행한 로마 군병 하나가 죽음을 확인하려고 날카로운 창으로 예수님의 옆구리를 찌르자, 곧 피와 물이 흘러나왔습니다. 십자가의 예수님을 처음부터 마지막까지 주의 깊게 지켜본 로마 백부장은 "이 사람은 진실로 하나님의 아들이었도다"라고 고백했습니다.

십자가에서 하나님은 놀라운 일들을 성취하셨습니다.

첫째, 우리가 받을 모든 저주를 당신의 아들에게 대신 쏟으셨습니다. 저주받은 세상에서 저주받은 삶을 살다가 죽을 우리가 아브라함에게 언약하신 하나님의 축복을 이어받게 되었습니다(갈 3:13-14).

둘째, 저주의 십자가를 통해 하나님은 우리를 "흑암의 권세에서 건져내사 그의 사랑의 아들의 나라로 옮기"시는(골 1:13) 놀라운 구원의 역사를 이루셨습니다. 그러므로 기독교 구원은 굶주림과 전쟁 위험으로부터 탈출하여 정의와 평화, 풍요의 나라로 이민하듯, 신분과 시민권이 옮겨지는 성격의 구원입니다. 흑암과 사망의 권세자 사탄의 지배로 신음하다가, 그리스도가 왕으로 통치하는 공의와 평화의 하나님 나라 백성이 되는 것입니다.

셋째, 그리스도의 십자가에서 하나님의 공의와
사랑이 확증되었습니다(이 부분은 후에 좀 더 자세히 설명합니다).
십자가에서 예수님은 메시아로 이 땅에 오신 목적을
다 성취하셨습니다(막 15장, 요 19장). 그러므로 그리스도의
십자가가 기독교 복음의 핵심입니다. 바울은 이렇게
강조한 적이 있습니다.

> 내가 너희 중에서 예수 그리스도와 그가 십자가에
> 못 박히신 것 외에는 아무것도 알지 아니하기로
> 작정하였음이라 **고전 2:2**

성경대로 그리스도께서

> 나도 전해 받은 중요한 것을 여러분에게 전해 드렸습니다.
> 그것은 곧, 그리스도께서 성경대로 우리 죄를 위하여
> 죽으셨다는 것과, 무덤에 묻히셨다는 것과, 성경대로
> 사흘날에 살아나셨다는 것과 **15:3-4, 새번역**

핵심 메시지: 예수가 그리스도다!

바울이 "먼저"(15:3, 개역개정) 전한 소식이란 말은 엔 프로토이스(ἐν πρώτοις, en protois), '가장 중요한 메시지'(as of first importance)란 뜻입니다. 신자에게 가장 중요한 지식이 우리 죄를 용서한 그리스도의 십자가 죽음과 부활의 복음이란 말입니다. 복음은 단어나 구(phrase)가 아니라 문장(sentence)으로 선포됩니다. 사도들이 믿고 전한 복음은 "예수가 그리스도다"입니다. 죽음과 부활로 예수는 그리스도가 되셨다는 소식이 복음의 핵심 내용입니다.

여기서 '성경대로'는 구약을 가리킵니다. 예언자들을 통해 약속하신 메시아가 바로 아브라함과 다윗의 자손인 예수 그리스도입니다(창 22:18; 삼하 7:16; 마 1:1). 메시아의 구원은 출애굽, 바벨론 노예해방 사건, 성막의 제사 예식을 통해서도 예표되었습니다. 주목할 것은 메시아가 다윗 같은 왕이지만, 동시에 우리 죄와 허물을 대신하는 고난의 종이라는 예언입니다. 제5복음이라 불리는 이사야서의 고난의 종 예언은 700년의 시간을 훌쩍 건너뛰어, 골고다 십자가 밑에서 기록한 것으로 착각할 만큼 그 표현이 생생하고 의미가 심오합니다.

그가 찔림은 우리의 허물 때문이요 그가 상함은 우리의

죄악 때문이라 그가 징계를 받으므로 우리는 평화를
누리고 그가 채찍에 맞으므로 우리는 나음을 받았도다
우리는 다 양 같아서 그릇 행하여 각기 제 길로 갔거늘
여호와께서는 우리 모두의 죄악을 그에게 담당시키셨도다
… 그가 많은 사람의 죄를 담당하며 범죄자를 위하여
기도하였느니라   **사 53:5-6, 12하**

우리 주님은 운명하시면서 "다 이루었다!"고
하셨습니다. 헬라어로는 테텔레스타이(τετέλεσται, tetelestai),
'다 이루어졌다'(It has been finished)는 현재완료형 수동태입니다.
하나님의 인류 구속 계획이 마침내 다 성취되었다는
뜻입니다.

우리 죄를 위하여 죽으시고

바울이 십자가가 품고 있는 의미를 조금 더 친절하게
풀어 주는 로마서 말씀을 읽어 봅시다.

그리스도 예수 안에 있는 속량으로 말미암아 하나님의
은혜로 값없이 의롭다 하심을 얻은 자 되었느니라 이

예수를 하나님이 그의 피로써 믿음으로 말미암는
화목제물로 세우셨으니 이는 하나님께서 길이 참으시는
중에 전에 지은 죄를 간과하심으로 자기의 의로우심을
나타내려 하심이니 **롬 3:24-25**

바울은 이해를 돕기 위해 구약 제사법, 로마 법정,
노예 시장 등에서 사용하던 일상 어휘들을 빌려 와 그림을
보여 주듯 십자가의 은혜를 설명합니다. 이 부분은
루터가 "서신서와 또한 성경 전체의 중심점"이라고 자기
성경 여백에 적어 놓았을 만큼, 복음의 뼈대입니다.[4]

구속[속량]: 죄의 속박에서 풀려난다

'구속'이란 노예 시장에서 노예의 몸값을 지불하고
해방시킬 때 사용하는 말이었습니다. 죄란 하나님을
반역하는 마음에서 비롯된 모든 법적, 도덕적으로
어긋난 행위입니다. 우리는 죄를 경시하고 허용하며
합리화하거나 남 탓으로 전가하는 시대를 살면서 죄의식이
희박해졌습니다. 성경은 "모든 사람이 죄를 범하였으매"
라고 선언합니다. 죄는 반드시 책임지라고 요구합니다.

---

4   데릭 티드볼, 《십자가》, (정옥배 옮김, IVP, 2022), 26.

죄책이란 책임지는 존재로 창조된 인간의 양심 때문에
생깁니다. 죄란 삯을 요구하고, 벌이 따릅니다.

죄를 범하는 자마다 죄의 종이라 요 8:34하

성경에서 구속을 잘 알려 주는 사건이
출애굽이었습니다. 하나님은 노예살이하던 애굽의
이스라엘 백성에게 어린양의 피를 자기 집 좌우 문설주와
상인방(上引枋)에 바르게 했습니다. 하나님의 사자가 애굽
땅을 칠 때에 문설주에 피를 바른 집은 그 피를 보고 치지
않고 넘어갔습니다. 구속받은 이스라엘 백성은 '유월절'
(Passover)을 지키기 시작했는데, 유월이란 "넘어간다"
는 뜻입니다. 노예상태에서 자유를 누리게 된 사건이
구속입니다.

죄의 종이 된 인간은 아무리 죄를 안 짓고 싶어도
또 짓게 됩니다. 주인이 시키는 대로 행하는 노예처럼
죄가 시키는 대로 따라갑니다. 죄를 거듭하면 습관이 되고
그다음엔 중독이 되어, 알코올중독, 섹스중독, 도박중독,
마약중독자가 됩니다. 아무리 옆에서 도우려고 해도
도움이 되지 않고 결국 죽음의 길로 가게 됩니다. 사회학자,
심리학자, 정신과 의사들이 중독을 질병이라고 진단하고

치료에 많은 돈과 수고를 기울이지만, 근본 치료가 되지 않습니다. 그리스도의 십자가에서 흘린 피가 이런 끔찍한 죄의 사슬들을 끊어 죄의 속박으로부터 해방시킵니다. 사도 베드로는 속량(贖良)을 이렇게 설명합니다.

> 너희가 알거니와 너희 조상의 유전한 망령된 행실에서 구속된 것은 은이나 금같이 없어질 것으로 한 것이 아니요 오직 흠 없고 점 없는 어린양 같은 그리스도의 보배로운 피로 한 것이니라 **벧전 1:18-19, 개역한글**

속죄제물: 나 대신 죄벌받아 피 흘리다

죄인의 삶은 '환난과 고통'의 연속입니다. 양심의 가책, 자기 학대, 우울증으로 이어집니다. 이러한 죄책에서 벗어나도록 그리스도께서 속죄제물이 되셨습니다. 구약에서 하나님은 자기 백성이 죄 용서 받는 길을 규례로 정해 주셨습니다. 성전에서 대제사장의 집례로 속죄제물을 바치는 제사법을 통해서입니다. 대표적인 행사가 1년에 한 번, 양력 9월 중순 이후에 전 국민이 참여하는 '속죄일'(The Day of Atonement)입니다. 거룩하고 정교하게 순서가 정해진 속죄일 규례가 있었습니다(레 16장).

대제사장과 속죄제물을 통해 죄지을 때마다 죄

사함 받는 길을 예비하신 하나님이 단번에, 영원토록 그리스도를 영원한 속죄제물로 삼으셨습니다. 피에 생명이 있으므로 피 흘림으로 죄 사하시는 하나님의 속죄가 수행된 것이 주의 십자가입니다(히 9:11-12, 22).

그리스도의 십자가 죽음이 우리 죄를 대속하는 '대리적 속죄'라는 사실이 가장 보편적인 신약의 주장입니다.[5]

"우리 죄를 위하여"(15:3)에서 헬라어 하마르티아(ἁμαρτία, hamartia)로 '죄들'(sins)이라는 복수명사를 사용합니다. 인류라는 집단보다, 개개인의 죄악의 총합을 가리킵니다. 머리털보다 많은 내 죄가 기억의 깊은 곳에 숨겨져 있다가 불쑥불쑥 떠올라 괴롭히고 살 의욕을 꺾을 때가 있습니다. 그러나 주께서 "우리 죄들을 위하여" 대신 채찍에 맞으시고 저주받으심으로, 내 모든 죄가 용서받고 깨끗이 씻겨 눈같이 희어졌습니다. 내 죄책, 죄로 인한 상처는 흠도 점도 없이 깔끔하게 해결해서 해방시켜 주셨습니다.

---

5   사이먼 개더콜,《대속을 다시 생각하다》, (이철민 옮김, IVP, 2024), 159.

의롭다 함〔칭의, justification〕: 죄 없다고 선포하다

"죄인을 의롭다 한다"는 말은 재판장이 무죄를
선언한다, 의롭다고 선고한다는 법정 용어입니다. 죄인이
법이 정한 대로 벌을 받아야 마땅한데, 제3자가 그 벌을
대신 받아 죄가 사면되었으므로, 고소 자체가 기각되어
의롭다고 선언해 준다는 말입니다. 내가 받아야 할 사형과
지옥의 형벌을 그리스도께서 대신 십자가 형벌로 받으시고
나 같은 죄인을 의롭다 해주셨습니다. 이것이 십자가의
'형벌적 대속'이라고 표현되는 복음입니다. 믿기 힘든
은혜의 선물입니다.

여기서 '의롭다 함'이란 그 사람의 도덕적 상태
(state)가 완전히 의로워졌다는 뜻이 아니라, 의롭다고 여겨
준다, 의롭다고 칭해 준다는 법적 신분(status)을 가리킵니다.
바울 서신에서 '의'는 윤리적 '정의'의 개념이라기보다
인격적 '바른 관계'를 가리키는 말입니다. 십자가로
하나님과 나 사이에 화해가 이루어져 아버지와 자녀
관계가 회복되었습니다(고후 5:16-21). 이제 하나님의 자녀요,
상속자로 하나님의 집, 하나님 나라에 들어가게 하신
것입니다. 칭의, 구속, 속죄제물 이 세 단어는 십자가가
성취한 은혜를 설명하는 매우 중요한 말입니다.

하나님의 거룩한 사랑

하나님도 불가능이 있습니다. 거짓말할 수 없고, 죄를 벌하지 않을 수도 없습니다. 그렇다고 자기 자녀들을 사랑하지 않을 수도 없습니다. 죄를 심판하실 수밖에 없는 이유는 하나님의 공의로우심 때문입니다. 죄인이지만 "넌 내가 좋아하는 사람이니, 예외야!" 하고 정죄하지 않으면, 하나님의 공의가 치명타를 맞고 우주의 영적 도덕질서가 망가질 것입니다. "죄지은 자는 죽으리라"는 당신이 정한 법을 스스로 망가뜨리실 수가 없습니다(겔 18:4).

여기에 인간의 상상을 초월한 하나님의 초월적 지혜가 나타납니다. 죄를 벌하는 당신의 거룩도 만족시키고, 죄지은 사람을 구원하는 당신의 사랑도 만족시키는 기상천외한 방식으로 구원의 역사를 이루십니다. 주의 십자가에 공의와 사랑이 응축됩니다. 가시관을 씌우듯 하나님은 세상 죄를 당신의 외아들에게 뒤집어씌우는 무서운 사랑을 나타내셨습니다.

십자가로 확증된 하나님의 사랑

구원의 사랑 받는 하나님 자녀라는 확신은 나를
과거와는 전혀 다른 인생을 살게 해줍니다.

우리가 아직 죄인 되었을 때에 그리스도께서 우리를
위하여 죽으심으로 하나님께서 우리에 대한 자기의 사랑을
확증하셨느니라 롬 5:8

사람이 죄인이라는 걸 깨닫도록 하나님은 양심,
성경, 성령을 마련해 두셨습니다. 자기가 죄인임을 깨닫지
못한 자도 성령을 구하며 꾸준히 성경을 읽으면, 깨닫는
시간이 옵니다(요 16:7-9; 롬 5:5). 당대의 탕아,《고백록》의
저자 아우구스티누스도 어머니의 기도가 응답되어 어느
날, 로마서 13장 14절 "주 예수로 옷 입으십시오. 정욕을
채우려고 육신의 일을 꾀하지 마십시오"를 읽고 주 앞에
무릎을 꿇었습니다.
　　십자가의 사랑으로 죄 사함을 받은 자는 영혼이
살아나는 거듭남의 생수를 마시게 됩니다. 새로워짐,
내면의 자유와 평화가 깃들게 됩니다. 기뻐 주님을
예배하고 사랑하고 순종하게 됩니다. 하나님 나라를

지금 여기서부터 미리 맛보기 시작하게 됩니다. 그러므로 십자가의 복음이 사람을 살립니다. 어찌 "큰 기쁨의 좋은 메시지"(눅 2:10)가 아니겠습니까.

하나님과 나

—— 누군가를 위해 희생해 본 경험이 있나요? 그 동기는 무엇이었나요?

—— 예수님을 믿기 전과 믿고 난 후 죄에 대한 생각이 어떻게 달라졌나요?

그리고 우리

—— 십자가를 생각할 때 떠오르는 이미지를 이야기해 보세요.

—— 거듭남의 은혜와 감사를 나누어 보세요.

3.

부활을 믿다

3 나도 전해 받은 중요한 것을 여러분에게 전해 드렸습니다. 그것은 곧, 그리스도께서 성경대로 우리 죄를 위하여 죽으셨다는 것과, 4 무덤에 묻히셨다는 것과, 성경대로 사흘날에 살아나셨다는 것과, 5 게바에게 나타나시고 다음에 열두 제자에게 나타나셨다고 하는 것입니다. 6 그 후에 그리스도께서는 한 번에 오백 명이 넘는 형제자매들에게 나타나 셨는데, 그 가운데 더러는 세상을 떠났지만, 대다수는 지금도 살아 있습니다. 7 다음에 야고보에게 나타나시고, 그 다음에 모든 사도들에게 나타나셨습니다. 8 그런데 맨 나중에 달이 차지 못하여 난 자와 같은 나에게도 나타나셨습니다. 9 나는 사도들 가운데서 가장 작은 사도입니다. 나는 사도라고 불릴 만한 자격도 없습니다. 그것은, 내가 하나님의

교회를 박해했기 때문입니다. 10 그러나 나는 하나님의 은혜로 오늘의 내가 되었습니다. 나에게 베풀어주신 하나님의 은혜는 헛되지 않았습니다. 나는 사도들 가운데 어느 누구보다도 더 열심히 일하였습니다. 그러나 이렇게 한 것은 내가 아니라, 나와 함께 하신 하나님의 은혜입니다. 11 그러므로 나나 그들이나 할 것 없이, 우리는 이렇게 전파하고 있으며, 여러분은 이렇게 믿었습니다. 15:3-11, 새번역

바울은 복음의 두 기둥인 그리스도의 십자가와 부활 중에서 상대적으로 고린도 교인들의 이해가 빈약한 부활을 집중 강의해 주고 있습니다. 사실 부활을 믿는가, 불신하는가는 사람의 운명을 좌우하는 메시지입니다. 공부를 시작하면서, 아래 질문을 조용히 해보면 도움이 될 것입니다.

- 나는 주의 부활을 믿으며, 살아 계신 주님과 교제하는가?
- 나는 장차 죽을 내 몸도 부활할 것을 믿고 바라는가?
- 부활신앙이 미래뿐 아니라, 지금 나의 일상에 영향을 주고 있는가? 살아 있는 신앙생활을 하고 있는가?

> 내가 받은 것을 먼저 너희에게 전하였노니 이는 성경대로 그리스도께서 우리 죄를 위하여 죽으시고 장사 지낸 바 되셨다가 성경대로 사흘 만에 다시 살아나사 **15:3-4**

본문은 복음을 간결하게 잘 요약한 구절입니다. 그런데 죽음과 부활 사이에 "장사 지낸 바 되신" 사실을 왜 덧붙였을까요? 의문의 여지없이 예수가 확실하게 죽으셨다는 표현입니다. 당시 예수는 죽지 않고 실신했다가 무덤에서 깨어났다는 가짜뉴스가 퍼져 있었습니다.

틀림없이 죽었으나, 죽음이 끝이 아닙니다. 유대인 달력으로 죽은 지 사흘 만에 다시 살아나셨습니다.

기독교 복음은 예루살렘 성전의 두 기둥인 야긴과 보아스처럼, 주의 십자가와 부활로 세워져 있습니다. 20세기 초반까지 유럽의 복음주의자들도 주의 죽음에 비해 부활을 덜 강조하였습니다. 하지만 2차 세계대전에서 직간접으로 5천만-8천만 명이 사망하는 참극을 겪은 후, 성경을 새롭게 보고 부활 희망을 강조하며 균형을 잡게 되었습니다. 대표적으로 독일의 위르겐 몰트만과 영국의 톰 라이트가 영향을 끼쳤습니다.

부활이 중요한 이유

- 그리스도의 부활이 없다면 기독교는 이 세상에 존재하지 않았을 것입니다. 주의 부활은 역사적으로 실제 발생한 사건입니다.

- 예수가 부활하셨으므로 그의 죽음이 우리를 대신하여 죽으신 대속의 죽음이요, 그가 우리 죄를 담당하시는 메시아라는 사실이 확인되었습니다(사 53:5-6). 만약 예수께서 죽음으로 생을 마쳤다면, 그의 죽음이 자기 죄 때문인지 순교나

사고였는지 확인할 수 없습니다.

- 예수는 부활의 능력으로 하나님의 아들로 확증되었습니다
(롬 1:4). 죽음을 이기는 힘은 전능자의 능력에 속한 차원이기
때문입니다.

- 부활하고 승천하신 예수님이 하나님 보좌 오른편에 살아
계시므로, 우리는 주님을 예배하고 말씀과 기도로 대화를
나누며 인격적으로 교제하고 있습니다.

솔직히, 부활은 믿기 힘들어요

어느 과학 교사가 나이 들어 부인의 권유로 교회를
다니기 시작했습니다. 다른 교훈은 그런대로 이해가
가는데, "죽어 썩어 가던 사람이 다시 살아나다니, 부활은
못 믿겠다"고 털어놓더랍니다. 차마 말은 못했지만,
오래 교회를 섬겨 온 어느 형제도 "솔직히 부활은 믿기
힘들다"고 했습니다. 부활을 믿기 힘든 것은 현대인이나
고대인이나 마찬가지입니다. 그래서 과학적 실증주의
교육으로 세뇌된 현대인들의 갈등을 풀어 주려고 노력한
학자들이 있었습니다.

20세기 초의 어느 신학자는 성경에 부활 같은

'신화'가 많이 있으니, 신화와 실재를 구분하는 '비신화화'
작업이 필요하다고 주장했습니다. 부활은 실제 사건이
아니라, 그렇게 믿고 싶어 하는 제자들의 마음에서 일어난
실존적 부활이라고 했습니다. 그러나 기독교에서 예수의
대속의 죽음과 부활의 복음이란 핵심 메시지를 쏙 빼
버리면 어떻게 될까요? 기독교는 유일성과 정체성을 잃게
되고, 다른 종교나 인도주의와 별 차이가 없어질 것입니다.
그렇다면 기독교 신앙을 꼭 선택할 이유가 없어지니
사람들이 교회를 떠나게 되었습니다.

그러나 2차 대전 이후 자유주의 사조는 계절풍이
지나가듯 자취를 감추고, 성경을 신앙의 최고 권위로
인정하는 복음주의 교회가 생명력을 회복하게 되었습니다.
20세기 후반, 과학과 논리의 한계를 깨닫고 초자연세계에
마음이 열린 후기현대주의(postmodernism)의 긍정적
영향으로, 사람들은 기적 이야기, 천사들, "셋째 하늘"(고후
12장) 등 신화 같은 표현에 거부감이 사라졌습니다. 성경
문서를 진리로 믿는 복음주의 신앙이 되살아나 현대
기독교회의 주류가 되었습니다. 사람은 육체 덩어리가
아니라, 하나님의 형상으로 지음받아 '영원을 사모하는
마음'을 소유한 존재이기 때문입니다.

기독교 안에는 부활을 부인하는 자들의 논리적

오류를 찾아내서 반박하고, 부활의 사실을 역사와 과학과
추리로 변호하며, 학문적으로 정리하는 지적 작업이
오래전부터 발달해 왔습니다.[6] 이것을 기독교 변증학이라고
하는데, 골치 아프게 하는 학문이어서 우리는 최소한의
지식으로 만족하는 게 유익할 것입니다.

예수 부활의 증거

예수 부활이 시간과 공간에서, 즉 AD 30년
예루살렘 성 밖 무덤에서 일어난 실제 사건이라는 증거는
차고 넘칩니다. 지금부터 2천 년 전 고대사의 어떤 역사적
사건도 예수 부활만큼 증거가 많지 않습니다. 일반적으로
거론하는 증거는 다음과 같습니다.

- 모든 종교의 창시자는 무덤이 있지만 예수는 무덤이 없다.
- 예수 부활은 1,700년 이상 유대교에서 준수해 온 안식일을
  안식 후 첫날로 옮겨 '주의 날'(주일)을 지키는 이유다.

---

6   N. Geisler, *"Resurrection" in Baker's Enc. of Christian Apologetics*, (baker, 1999), 644-670.

- 제자들의 변화를 예수 부활 없이 설명할 수 없다.
- 사도들의 복음설교(케리그마)의 핵심 메시지가 예수 부활이었다. "너희가 죽인 예수를 하나님이 살리셨다."
- 기독교 초기에 교회의 기적 같은 성장 역사는 예수 부활 없이는 설명이 불가능하다. 거짓은 1세기를 버티지 못한다는 사실을 역사가 증명한다.

그런데 바울은 고린도 교인들에게 구태여 예수 부활의 간접 증거를 제시하지 않습니다. 배짱 좋게 말합니다. "부활 예수를 목격한 수백 명의 생존 증인들이 버젓이 살아 있으니 그들에게 가서 물어보시오!"

부활 예수의 증인들

게바(베드로)에게 나타나시고 다음의 열두 제자에게 나타나셨다고 하는 것입니다. 그 후에 그리스도께서는 한 번에 오백 명이 넘는 형제자매들에게 나타나셨는데, 그 가운데 더러는 세상을 떠났지만, 대다수는 지금도 살아 있습니다. 다음에 야고보에게 나타나시고, 그 다음에 모든 사도들에게 나타나셨습니다. **15:5-7, 새번역**

교통사고는 현장 증인이 한 명만 있어도
보험회사에서 보험금을 지불합니다. 유대인들은 증인
두 명이 있어야 확실하게 사건이 입증됩니다. 그런데
부활하신 예수님을 목격했다는 사람들만 500명이 넘었고,
약 25년이 지난 AD 55년 현재 생존자가 250명이 넘으니
이건 "게임 끝!" 아닙니까. 예수 부활은 과학 수사나
법정에서 다툴 필요 없는 분명한 사실이란 말입니다.

바울이 이름을 열거한 예수 부활의 증인들
가운데는 당연히 포함되어야 할 열두 제자도 있지만,
놀랍게도 자기 자신을 증인 목록에 덧붙이고 있습니다.

> 그런데 맨 나중에 달이 차지 못하여 난 자와 같은 나에게도
> 나타나셨습니다. 나는 사도들 가운데서 가장 작은
> 사도입니다. 나는 사도라고 불릴 만한 자격도 없습니다.
> 그것은, 내가 하나님의 교회를 박해했기 때문입니다.
> 그러나 나는 하나님의 은혜로 오늘의 내가 되었습니다.
> 나에게 베풀어주신 하나님의 은혜는 헛되지 않았습니다.
> 나는 사도들 가운데 어느 누구보다도 더 열심히
> 일하였습니다. 그러나 이렇게 한 것은 내가 아니라, 나와
> 함께 하신 하나님의 은혜입니다. **15:8-10, 새번역**

예수 믿는 사람들을 체포해서 사형시키라는 대제사장의 특명을 받았던 바울이 예수의 사도가 된 믿기 어려운 사실을 어떻게 설명할 수 있을까요? 부활하신 예수님을 만났다는 사실 외에는 제시할 증거가 없습니다. 예수 부활의 가장 확실한 증거는 어쩌면 예수를 만나 변화된 사람입니다. 사람은 잘 변하지 않습니다. 자기 자신을 보나 가까운 사람들을 보며 늘 탄식하는 사실 아닙니까. 보십시오. 그 악독한 바울이 변하여 성인의 경지에 이르렀습니다. 어쩌면 이렇게 자기를 낮추며 은혜롭게 소개할 수 있습니까. 하나님의 은혜로 새 사람이 된 바울, 바울을 바울 되게 한 것은 살아 계신 예수님을 만났기 때문이었습니다. 근현대사에서 주의 일꾼들 가운데 "죽었지만, 믿음으로 아직도 말하고 있는"(히 11:4) 그리스도의 부활의 증인들이 별처럼 영원히 빛나고 있습니다(단 12:3). 그들은 말과 글과 삶으로 부활 생명을 증거하고 있습니다.

부활: 하늘과 땅이 껴안은 우주적 사건

그리스도의 부활은 하늘과 땅이 함께 이루어 낸 우주적 사건이요, 하나님의 새 생명 창조 역사입니다.

하늘과 바다가 수평선에서 맞닿아 포개지는

광경을 경이롭게 본 적이 있으신지요? 지평선에서도 같은 현상을 볼 수 있습니다. 예수의 부활 안에서는 하늘과 땅, 초자연과 자연 세계, 영원과 시간이 신비롭게 하나가 됩니다. 조금 어려운 말이지만 현대 해석학의 기초를 놓은 가다머(Gadamer, 1900-2002)의 표현을 빌리자면, 부활이란 '지평 융합' 사건입니다. 부활은 인간 지성이나 경험 너머에 역사와 영의 세계가 조우하는 초월적 사건입니다. 공부를 많이 한다고 습득되는 지적 체계가 아닙니다. 보이는 세계를 대상으로 하는 과학적 사고와 보이지 않는 세계를 경이롭게 느끼는 예술적 감수성, 영원과 무한의 열린 마음에 찾아오는 계시의 영역입니다. 그래서 바울은 "복음의 비밀" 또는 "믿음의 비밀"이란 표현을 즐겨 사용했나 봅니다(엡 6:19; 딤전 3:9).

　　　권위 있는 과학자들 가운데서도 신실한 기독교인을 많이 만납니다. 그들은 학문이라는 지적 체계에서 상부 구조에 속하는 영역과 하부 구조에 속하는 영역을 구분할 능력을 갖춘 사람들입니다. 부활을 믿는다는 것은 신의 영역에 들어서는 경외심, 그리고 눈에 안 보이는 영의 세계에 발을 들여놓는 모험이기도 합니다. 유한한 존재인 인간에게 필요한 덕목이 열린 마음입니다. 내가 알지 못하는 세계가 있다는 걸 시인하는 겸손한 자에게 믿음이 생깁니다.

자연 세계를 전부로 여기는 자는 죽은 자의
부활을 믿기 힘든 게 사실입니다. 바울은 "그게 무슨 말이냐?
그리스도의 부활은 아침 해가 뜨는 것만큼 확실하다.
기독교 복음은 바로 예수께서 되살아나셨고, 그를 믿는
우리도 되살아난다는 사실을 믿는 것이다"라고 설득하는
듯합니다. 본문은 부활을 믿고 살 것인가, 아니면 이생을
전부로 여기고 허무를 향해 달음질할 것인가 선택을
요구합니다. "부활 신앙이 기독교 신앙입니다." [7]

믿음으로 알게 되는 부활

신앙의 영역에는 '권위'의 존재와 '도그마'[신앙상의
진리에 관한 불변의 정리(定理)] 또는 '교의'(敎義)가 필요합니다.
아이는 부모나 선생님의 말을 의심하지 않고 받아들입니다.
"지구는 평평한 게 아니라 둥그렇단다. 아침에 해가 뜨고
저녁에 지는 게 아니라, 지구가 하루 한 번 빙빙 도는
거란다." 이해가 되지 않아도 부모나 선생의 권위와

---

7   J. S. Whale, *1&2 Corinthians*, LABC, 217.

68   69

거짓말하지 않을 인격이라고 인정하면, 자라면서
'아하, 해가 떴다가 지는 게 아니라 지구가 도는 거구나'
알게 됩니다.

로이드 존스 목사는《권위》라는 책에서 권위실종
시대의 혼란을 언급하고 있습니다. 그리스도인들이
성경의 권위, 그리스도의 권위, 성령의 권위를 받아들일
때 얻는 신앙적 유익을 일깨워 줍니다. 성경은 하나님의
권위로 선언합니다.

> 어리석은 자는 그 마음에 이르기를 하나님이 없다
> 하는도다 **시 14:1상**

하나님의 존재를 믿지 않는 무신론자나, 신의 존재
유무는 인간의 인지능력의 한계를 넘어서는 영역이므로
잘 모르겠다는 불가지론자들을 가리켜 성경은 우매자라고
말씀합니다. 식물인간처럼 "살았으나 죽은 자"(계 3:1)라고
극단적 표현을 서슴지 않습니다.

성경대로

성경대로 사흘 만에 다시 살아나사 **15:4하**

본문에서 "다시 살리다"는 에게게르타이(ἐγήγερται, egegertai), '일으켜지셨다'(was raised, 수동태)로 죽은 자가 스스로 일어난 게 아니라 하나님이 일으켜 주셨다는 뜻입니다. 무에서 유를 창조하신 하나님의 전능하심을 믿으면, 죽은 자를 부활시키시는 능력도 믿게 됩니다. 그래서 바울은 죄수의 신분으로 재판받는 자리에서도 아그립바 왕과 공회원들에게 감히 당당하게 도전하는 질문을 했습니다.

> 여러분은 어찌하여, 하나님께서 죽은 사람들을 살리신다는 것을 믿을 수 없는 일로 여기십니까? **행 26:8, 새번역**

예수 부활은 하나님 역사의 결정적 순간에 일어난 결정적 사건이었습니다. 인류 역사는 주의 부활 이전과 이후로 달라집니다. 부활은 결코 예기치 않게 발생한 사건이 아니었습니다. 창세 전부터 하나님께서 인류 구원 계획을 예정하신 대로(엡 1:4-7) 정하신 시간에, 정하신 방법대로, 무덤에 묻혀 있던 외아들을 살려 내신 것입니다. 주의 부활은 죽음이 지배하던 인류 역사에 마침표를 찍고, 이제는 차원을 달리하는 생명이 지배하는 새 인류의 역사가 출발하게 되었습니다. 이 모든 것이 "성경대로" 이루어진 것입니다.

하나님은 구약 인물들의 말과 행위에서 언약하고 예언하셨습니다. 아브라함의 "하나님이 능히 이삭을 죽은 자 가운데서 다시 살리실 줄로 생각"한 부활 신앙(히 11:19), 다윗의 "주의 거룩한 자를 멸망시키지 않으실 것"이라는 고백(시 16:10-11), 이사야의 "주의 죽은 자들은 살아나고 그들의 시체들은 일어나리이다"(사 26:19)는 예언, 에스겔의 "마른 뼈가 살아나는" 선포(겔 37:5-6), 다니엘의 "땅의 티끌 가운데에서 자는 자 중에서 많은 사람이 깨어나 영생을 받는 자도 있다"는 기록 등입니다(단 12:2).

예수님께서 친히 "죽으신 후에 사흘 만에 다시 살아나실" 것이라고 제자들에게 수차례 예고하셨습니다 (마 17:22-23; 막 10:33-34; 눅 18:31-33). 예수 믿는 자에게 영생을 약속하셨습니다:

내 말을 듣고 또 나 보내신 이를 믿는 자는 영생을 얻었고 심판에 이르지 아니하나니 사망에서 생명으로 옮겼느니라

… 죽은 자들이 하나님의 아들의 음성을 들을 때가 오나니
곧 이 때라 듣는 자는 살아나리라 **요 5:24-25**

부활은 하나님께서 오래전부터 예언자들을
통해 말씀하신 대로 성취되었거나, 앞으로 성취될
사건입니다. 부활은 성경 예언 그대로 이루어졌습니다.
참된 그리스도인들은 성경을 하나님의 생명의 말씀으로
존중합니다. "성경대로"의 믿음이야말로 신자의 삶을
풍요롭고 활력 있게 해줍니다.

보지 못하나 사랑하고 기뻐한다

노년의 베드로가 살아가며 깨달은 신앙의 본질을
1세기 성도들과 이렇게 나눕니다.

예수를 너희가 보지 못하였으나 사랑하는도다 이제도
보지 못하나 믿고 말할 수 없는 영광스러운 즐거움으로
기뻐하니 **벧전 1:8**

베드로의 이 고백 속에는 현재는 부활, 승천하여

살아 계신 그리스도와 교제하며 "영광스러운 기쁨
속에서 즐거워하는" 기독교의 성격을 잘 표현해 주고
있습니다. 그리스도를 믿으면 머리로 알고 가슴으로
느끼고 손발로 행동하며, 우리 전 존재로 주님과 교제하는
기쁨을 누린다는 말씀입니다. 이 말씀은 18세기 미국의
대각성운동 지도자인 조나단 에드워즈가 주장한
'그리스도인의 감성'(Christian Affection)의 바탕이 된 요절입니다.
당대 최고 지식인이었던 그가 살아 계신 주님을 향한
애정을 강조한 것은 깊이 새겨 둘 만한 가르침입니다. 부활
신앙을 가진 자는 주를 진심으로 찬송합니다.

> 살아 계신 주 나의 참된 소망
>
> 두려움이 사라지네
>
> 사랑의 주 내 갈 길 인도하니
>
> 내 모든 삶의 기쁨 늘 충만하네
>
> 찬 171장

부활 신앙은 보배롭다

예수님은 마지막 때에는 부활할 것을 믿지만, 지금

여기서 믿지 못하는 마르다와 마리아에게 선포하십니다.

> 나는 부활이요 생명이니 나를 믿는 자는 죽어도 살겠고
> 무릇 살아서 나를 믿는 자는 영원히 죽지 아니하리니
> 이것을 네가 믿느냐 요 11:25-26

오래된 유럽 교회 주변의 정원이나 예배당
안에는 사망한 교인들의 비석이 많습니다. 세계에서 가장
현세적이라는 한국인들이 기겁을 할 만한 장면입니다.
그들은 주님을 믿고 죽어 육체는 교회당에 묻혀 있지만,
영으로는 하늘에서 주일 공예배 때마다 지상의 성도와
함께 하늘 보좌에 계시는 삼위일체 하나님을 예배드리고
있다고 믿습니다. 이런 시공을 초월한 신비로운 하나 됨은
"…그리스도 예수를 죽은 자 가운데서 살리신 이가 그의
영으로 말미암아…"(롬 8:11) 가능하게 해주시는 성령의
은총입니다.
바울은 이렇게 단락을 마무리합니다.

> 그러므로 나나 그들이나 할 것 없이, 우리는 이렇게
> 전파하고 있으며, 여러분은 이렇게 믿었습니다. 15-11, 새번역

어느 곳에서나, 언제나 그리스도인들은 같은 복음을 전하고 같은 복음을 믿습니다. 교회가 정치 성향 또는 신학 차이로 분열하는 원인은 성경대로 동일한 그리스도의 복음을 믿지 않고 전하지 않기 때문입니다. 교회 일치는 그리스도의 복음 안에서만 가능합니다. 그리스도의 십자가와 부활의 복음 신앙으로 그리스도인들은 살고 있으며, 또 죽습니다.

부활을 믿고 바라는 삶은 하나님이 독생자의 대속의 죽음으로 구원하신 자녀들에게 베푸시는 신령한 복입니다. 부활 신앙은 경이로운 은혜의 선물입니다(엡 1:3; 2:8). 우리의 일생도 부활을 믿기 전과 후로 확연히 달라집니다. 부활을 믿고 바라는 성도는 "주님의 죽음과 부활에 연합하여"(롬 6:5) 사는 것같이 살 수 있습니다. 현실이 죽을 것같이 힘들어도 버티고 끝내 이겨 내는 부활의 생명력을 소유합니다. 사도 바울과 함께 담대하게 소리칩시다. "죽은 자 같으나 보라, 우리가 살아 있다!" (고후 6:9).

하나님과 나

—— 나는 주님의 부활을 어떻게 믿게 되었나요?

—— 삶 속에서 부활을 바라보고 있나요?

그리고 우리

—— 교회는 어떻게 하나 됨을 이룰 수 있을까요?

—— 부활을 믿지 않는 이웃과 지체들에게 어떻게 전할 수 있을까요?

4.

죽음이
끝이라면

12 그리스도께서 죽은 사람 가운데서 살아나셨다고 우리가 전파하는데, 어찌하여 여러분 가운데 더러는 죽은 사람의 부활이 없다고 말합니까? **13** 죽은 사람의 부활이 없다면, 그리스도께서도 살아나지 못하셨을 것입니다. **14** 그리스도께서 살아나지 않으셨다면, 우리의 선포도 헛되고, 여러분의 믿음도 헛될 것입니다. **15** 우리는 또한 하나님을 거짓되이 증언하는 자로 판명될 것입니다. 그것은, 죽은 사람이 살아나는 일이 정말로 없다면, 하나님께서 그리스도를 살리지 아니하셨을 터인데도, 하나님께서 그리스도를 살리셨다고, 하나님에 대하여 우리가 증언했기 때문입니다. **16** 죽은 사람들이 살아나는 일이 없다면, 그리스도께서 살아나신 일도 없었을 것입니다. **17** 그리스도께서 살아나지 않으셨다면, 여

러분의 믿음은 헛된 것이 되고, 여러분은 아직도 죄 가운데 있을 것입니다. **18** 그리고 그리스도 안에서 잠든 사람들도 멸망했을 것입니다. **19** 그리스도 안에서 우리가 바라는 것이 이 세상에만 해당되는 것이라면, 우리는 모든 사람 가운데서 가장 불쌍한 사람일 것입니다. **20** 그러나 이제 그리스도께서는 죽은 사람들 가운데서 살아나셔서, 잠든 사람들의 첫 열매가 되셨습니다. **15:12-20, 새번역**

2024년 노벨문학상 수상 작가 한강의 작품을 읽는 독자라면 누구나 가슴 시린 슬픔과 아픔을 느낄 것입니다. 태어난 지 두 시간 만에 죽어 가는 아기를 향해 어머니(당시 23세)가 "죽지 마 죽지 마라 제발" 부르짖어야 했던, 그러나 끝내 죽어 버린 언니 이야기가 작가의 의식 가장 깊은 곳에 자리하고 있는 듯했습니다. 자전적 성격이 짙다는 소설집 《흰》에서 산다는 건 부서지는 파도나 모래집, 잠깐 있다 사라지는 흰 눈, 창문에 낀 성에, 흘러내리는 흰 초 등으로 은유됩니다. 성경도 인생을 티끌, 바람, 밤의 한순간, 아침에 피었다 지는 꽃, 한숨처럼 사그라지는 것으로 표현합니다(시 90편). 죽음으로 모든 게 끝나 버리는 마침표.

사람의 일생이 이생뿐인가, 아니면 저생도 있는가에 대한 각자의 믿음 여부에 따라 인생관이 달라집니다. 인생은 구름이 흘러가듯 왔다 가는 것이니 죽으면 그뿐이라고 생각하는 사람과, 죽음 이후에도 영생이 있음과 몸의 부활을 믿는 사람은 삶의 목적과 방식이 하늘과 땅만큼 차이 날 것입니다. 이생이 전부라는 사람은 좋은 가정에서 건강하고 똑똑하게 태어나 좋은 학교, 좋은 직장, 좋은 배우자를 만나 경제적으로 여유 있고 사회적으로 성공해서 활동하다가 노년에도 병이나 사고 없이 죽으면 최고로 복받은 생을 살았다고 말할 것입니다.

글쎄요, 그걸로 충분할까요? 그런 인생을 산 사람은 생의 마지막에 두려움 없이 만족하며 죽을 수 있을까요? 죽음이 왜 그리 끔찍하게 두려울까요?

죽음 연구의 대가, 엘리자베스 퀴블러 로스는 《죽음과 죽어감》에서 말기 환자들의 죽음을 앞둔 반응을 다룹니다. 자연주의자들이 말하듯, 나뭇잎이 떨어지듯 죽음이 자연스러운 현상이라면 죽음 앞에서 두려움, 억울함, 분노, 우울, 회한이나 절망감을 느끼는 이유가 무엇일까요? 죽음은 사람에게 완전히 부자연스러운 현상입니다. 죽음을 앞두고도 나는 죽지 않으리라는 희망을 갖는 이유는 또 어떻게 설명해야 할까요? 사람은 죽음 너머에 영원히 존재하리라는 원초적 소망을 끝까지 포기하지 못합니다. 바울은 고린도 교인들이 그리스도의 부활을 믿는다면, 당연히 우리 몸의 부활까지 믿고 희망차게 살기를 바라고 있습니다.

오늘 본문은 부활이 없다는 자들에게, 특히 예수 믿고 교회 다니면서도 몸의 부활을 믿지 않는 "세상에서 가장 불쌍한 자들"에게 주는 바울의 메시지입니다.

몸의 부활이 없다는 이에게

오늘 본문에서 바울은 '부정을 통한 부정의 논증법'(reductio ad absurdum)이란 논리를 응용해서 "죽은 자의 부활을 부인하는 자는 자기가 앉아 있는 나뭇가지를 잘라 버리는 우를 범하는 짓이다"라고 지적하고 있습니다.[8]

> 그리스도께서 죽은 사람 가운데서 살아나셨다고 우리가
> 전파하는데, 어찌하여 여러분 가운데 더러는 죽은 사람의
> 부활이 없다고 말합니까? 죽은 사람의 부활이 없다면,
> 그리스도께서도 살아나지 못하셨을 것입니다. **15:12-13, 새번역**

고린도 교인들의 질문은 이러했습니다. "나는 예수 그리스도의 부활은 믿어요. 하나님의 아들이니까 가능하겠죠. 그러나 우린 사람이 죽으면 썩어 흙으로 돌아가는 걸 눈으로 보며 빤히 아는데, 죽은 다음에 몸이 부활한다는 건 절대 불가능한 것 아닌가요?" 우리도 공감 가는 의문입니다.

바울은 그 질문에 이렇게 답합니다. "죽은 자의

---

8   N.T. Wright, *The Resurrection of the Son of God*, (Fortress Press, 2003), 332.

부활이 없다면 그리스도의 부활이 없고, 그리스도의 부활이 없다면 그 결과로 얼마나 부정적인 일들이 파생되는지를 아느냐" 하며 그들의 생각이 잘못되었음을 깨우쳐 줍니다.

> 그리스도께서 살아나지 않으셨다면, 우리의 선포도 헛되고, 여러분의 믿음도 헛될 것입니다. 우리는 또한 하나님을 거짓되이 증언하는 자로 판명될 것입니다. 그것은, 죽은 사람이 살아나는 일이 정말로 없다면, 하나님께서 그리스도를 살리지 아니하셨을 터인데도, 하나님께서 그리스도를 살리셨다고, 하나님에 대하여 우리가 증언했기 때문입니다. 죽은 사람들이 살아나는 일이 없다면, 그리스도께서 살아나신 일도 없었을 것입니다. 그리스도께서 살아나지 않으셨다면, 여러분의 믿음은 헛된 것이 되고, 여러분은 아직도 죄 가운데 있을 것입니다. 그리고 그리스도 안에서 잠든 사람들도 멸망했을 것입니다.

15:14-18, 새번역

"그리스도께서 살아나지 않으셨다면"을 네 차례나 반복하면서 바울은 "죽은 자의 부활이 없다 = 그리스도의 부활은 없다"라는 주장과 같다고 말합니다. 그러고 나서 죽은 자의 부활을 불신하는 자들의 논리가 얼마나 말도 안

되는 억지요, 모순인가를 조목조목 열거합니다. 격투기 챔피언이 상대를 때려눕혀 놓고 항복하기까지 펀치를 날리듯이, 바울은 반대 이론을 굴복시킵니다. 그 모든 주장의 전제는 그리스도의 부활의 확실성이란 절대불변의 진리에 있습니다. 그리스도의 부활을 부인한다면 그 논리적 귀결이 무엇일까요?(15:14-19)

설교나 전도나 다 헛되다

그리스도께서 만일 다시 살아나지 못하셨으면 우리가 전파하는 것도 헛것이요 너희 믿음도 헛것이며 **15:14**

주의 부활이 없다면 강단에서의 모든 설교, 복음 전하는 이들의 수고와 헌신이 다 무모하고 무의미하게 됩니다. 부활의 기쁜 소식을 전하러 이웃에게 사랑을 베풀며 애쓰는 성도의 수고, 세상 끝까지 가서 전도하고 교회와 학교를 세우며 헌신한 선교사의 그 모든 노고, 캠퍼스 후배들을 찾아 전도하는 학생선교단체 일꾼들의 수고 등 모두가 헛되다면 얼마나 안타까운 일입니까. 바울이 고린도 교인들에게 1년 6개월을 복음 증거한 모든 수고도 말짱 헛일이 되었을 것입니다.

믿음의 기초가 와르르 무너진다

그리스도께서 다시 살아나신 일이 없으면 너희의 믿음도
헛되고 **15:17상**

주의 부활이 없다면 우리가 믿음으로 구원받았다는
사실도 스스로 자기에게 주입했거나, 누군가가 세뇌시킨
심리작용일 뿐 아무런 효력 없는 것이 됩니다. 신자들에게는
하늘이 무너지고 땅이 꺼지는 허망한 일이 됩니다.

말씀 전하는 자들은 사기꾼이다

또 우리가 하나님의 거짓 증인으로 발견되리니 우리가
하나님이 그리스도를 다시 살리셨다고 증언하였음이라
15:15상

바울이 "하나님이 예수를 다시 살리셨다"고
증거했으니, 부활이 없다면 그는 사기꾼이 될 것입니다.
역사를 통해 수많은 부활의 복음을 증거한 일꾼들도,
한국 교회도 마찬가지입니다. 교회는 사기당하고 패배한
자들의 잔해로 가득할 것입니다.

아직 죄 문제 해결 못했다

그리스도께서 다시 살아나신 일이 없으면 … 너희가
여전히 죄 가운데 있을 것이요 **15:17하**

죄 없으신 예수의 죽음이 우리 죄를 대신한
대속의 죽음이란 증거가 바로 부활입니다. 그런데
주께서 다시 살아나지 못했다면, 우리는 죄 문제도 해결
못한 채 종교행위에 중독되어 습관적으로 교회 다니는
자들이 됩니다. 죄 용서 못 받은 채로 죄의식과 죄책감
속에 평생 자기를 학대하게 될 것입니다. 아니면, 자기를
합리화하거나 속이든지, 더욱 범죄하게 될 것입니다. 또는
의로운 척, 남을 판단하고 정죄하고 소외시키는 또 다른
성격의 죄를 저지르게 될 것입니다.

죽은 신자도 멸망했다

그리고 그리스도 안에서 잠든 사람들도 멸망했을
것입니다. **15:18, 새번역**

신자는 육체의 죽음을 '잠들다'로 표현합니다. 밤에 잠들고 아침에 깨어나듯, 곧 깨어날 것이기 때문입니다. 그런데 부활이 없고 죽음으로 모든 게 끝장이라면 세상은 어떻게 될까요? 먼저 죽은 사랑하는 가족이나 친구들을 하늘에서 만날 것을 기대하던 자들은 미신에 사로잡혔던 게 될 것입니다.

그리스도인이 가장 불쌍하다?

그러므로 바울은 이 단락을 매듭지으며 이렇게 말합니다.

> 만일 그리스도 안에서 우리가 바라는 것이 다만 이 세상의 삶뿐이면 모든 사람 가운데 우리가 더욱 불쌍한 자이리라 **15:19**

우리가 바라는 소망이 이 세상의 삶뿐이라면 좀 심한 말로 들리겠지만, 빨리 죽는 게 낫습니다. 진실하게 하늘의 소망을 갖고 부활 신앙으로 산 그리스도인이 가장 가련한 자입니다. 이생에서 편하게 살다가 죽어도 불쌍합니다. 하물며 좁은 문으로 들어가 가시밭길 걸으며, 부활과 심판을 믿고 주의 뜻을 이루기 위해 자기를 부인하며 자기 십자가 지고 살던 자들, 예수의 제자도를 문자 그대로 실천해 온 신자들이 더욱 불쌍합니다. 주님과 주님 나라 위해 모든 걸 바치는 생을 살아왔는데 부활이 없다니, 최후 심판도 없다니 얼마나 불쌍합니까. 전 재산을 투자했다가 사기당해 날려 버리고 절망해서 자살 충동에 시달리는 노인과 다르지 않을 것입니다.

불신자가 더 잘사는 것 같은데

사실, 하나님을 믿고 충성하는데 이생에서 고생고생만 하는 분들이 적지 않습니다. 건강하고 사회에서도 성공하고 부자 되고 복받아야 예수 잘 믿은 것 아닌가요? 가끔 불신자들이 이생에서 누리는 번영을 부러워하다가 주의 종이 분노에 사로잡힐 때가 없지 않은가 봅니다. 시편 73편의 시인이 대표적인 예일 것입니다.

나는 거의 넘어질 뻔하였고 나의 걸음이 미끄러질 뻔하였으니 이는 내가 악인의 형통함을 보고 오만한 자를 질투하였음이로다 … 하나님의 성소에 들어갈 때에야 그들의 종말을 내가 깨달았나이다 … 하늘에서는 주 외에

누가 내게 있으리요 땅에서는 주밖에 내가 사모할 이

없나이다 시 73:2-3, 17, 25

　　시인은 악인의 형통을 보며 의심과 불평으로
실족할 뻔했습니다. 불신자가 더 잘되는 것 같고, 신자들은
최선을 다해 착하게 살고 남에게 베풀며 바르게 사는데
왜 불행한 일만 생길까. 하나님이 살아 계시고 공정하신
분이라면 어떻게 이렇게 놔둘 수가 있단 말인가. 의심에
의심이 꼬리를 물어 잠 못 이루는 밤을 보냈을 것 같습니다.
친구의 조롱과 정죄를 받으며 고민하던 욥의 처지 같은
경우입니다. 그러다가 답을 얻게 된 것은 성소에 들어가서
하나님을 뵙고 그들의 종말에 대한 주의 음성을 들었을
때였습니다. 하나님 없이 이생에서 형통하게 살았다 해도
그건 잠시요, 후에 하나님의 공의로운 심판대 앞에서
그들은 영원한 '파멸', '황폐', '전멸'을 피할 수 없음을
깨닫게 됩니다(시 73:18-19).
　　반면에 이생에서 고생하지만 하나님을 믿고
진실하게 산 자들이 나그네 삶을 마치면, 주님이
함께하시어 영광으로 하늘나라에 인도하시며(시 73:24),
친히 믿는 자들의 마음의 반석, 영원한 분깃이 되신다고
고백합니다(시 73:26).

그리스도인들은 이 세상뿐 아니라 저 세상 하늘나라의 영원한 생명까지 보장받은 사람들입니다. 이생에서 그리스도를 위해 손해나 고난도 마다하지 않습니다. 또한 하늘나라가 궁극의 희망입니다. 그곳에 나를 사랑하사 자기 몸을 바치기까지 사랑하신 주님이 계시고, 영원토록 그의 영광스러운 얼굴을 볼 수 있기 때문입니다. '그리스도인'에게서 '그리스도'를 빼 버리면 이생에서나 저생에서나 모든 것을 빼앗아 버리는 것입니다.[9]

그러나 이제

"그러나 이제"(15:20). 마치 야구 9회말 2사 만루 찬스에서 홈런을 때리듯, 하나님의 반전 드라마를 알리는 나팔 소리 같은 말입니다. 그러나 이제 사망 권세가 지배하던 인류 역사에서 처음으로 사망을 철장으로 질그릇 부수듯 와장창 깨어 부수고, 메시아가 죽음을 죽여 버린 통쾌한 부활 승리의 개가가 울려 퍼집니다. 역사를 통틀어 계속해서 인류를 무릎 꿇게 했던 사망 권세를 다윗이 거인

---

9   C. Hodge, *1 Corinthians*, (Crossway Books, 1995), 280.

골리앗의 목을 베듯 그리스도께서 통쾌하게 부수셨습니다.
죽음이 지배하던 시대가 지나고 생명의 새 시대가 열린
것입니다. BC와 AD가 갈렸습니다. 부활을 불신하던
때는 가고, 우리는 이제 부활 신앙으로 희망찬 새 삶을
살게 되었습니다. 인간의 숙명을 뒤집는 하나님의 역전
드라마가 펼쳐집니다. 20절을 소리 내어 읽어 봅시다.

잠자는 자들의 첫 열매

> 그러나 이제 그리스도께서 죽은 자 가운데서 다시
> 살아나서 잠자는 자들의 첫 열매가 되셨도다 **15:20**

"첫 열매"란 이스라엘 백성이 초막절에 앞으로 더
풍성하게 수확할 것을 보장받는 의미로 첫 곡식 다발을
흔들어 바치는 요제(搖祭)를 떠올리는 말입니다(레 23:9-14).
그리스도께서 죽은 지 사흘 만에 몸이 부활하셔서 하나님
앞에서 처음 열매가 되었듯이, 그를 믿는 무리가 세대를
이어 몸으로 부활하게 되리라는 비유입니다. 겨우내 죽은
것 같던 나무에 봄이 오면 싹이 돋아나듯, 죽은 자의 부활도
확실합니다. 루터는 말했습니다. "우리 주님의 부활 약속은
성경책에만 기록된 게 아니라, 봄철 나뭇잎 하나하나마다

기록되어 있다."

다시 살아나신 그리스도는 현재 살아 계신 분이기 때문에 우리는 매일 매순간 그와 아기자기하게 사랑의 대화를 나누며 사귈 수 있는 특권을 누립니다. 주께서는 지금도 우리의 신음에 귀 기울이시며, 약한 육신과 악한 세상, 간교한 사탄의 시험을 이기게 하십니다. 그리고 주의 나라 위해 일할 지혜와 능력을 공급해 주십니다(엡 1:19). 공동묘지는 인생의 짧음을 알려 주지만, 부활은 죽음의 짧음을 큰 소리로 외치고 있습니다.

나는 부활이요 생명이니 나를 믿는 자는 죽어도 살겠고
무릇 살아서 나를 믿는 자는 영원히 죽지 아니하리니
이것을 네가 믿느냐 **요 11:25-26**

희망의 사람들

부활이 있기에 우리는 가장 행복한 사람들입니다. 아버지 하나님은 소망의 하나님이시요, 그의 자녀인 그리스도인들은 희망의 사람들입니다. 그 희망은 장래에 이루어질 것만 바라보는 희망이 아닙니다. 현재를 의미 있게 살도록 날개를 달아 주는 희망입니다.

그리스도를 믿는 자는 하나님 나라를 유산으로

받으며, 하나님의 영광을 바라는 영생의 소망을 포기하지 않습니다. 그래서 하나님 자녀들은 어떤 고난 속에서도 "소망이 넘치는" 사람입니다(롬 15:13). 하나님 나라의 소망은 우리에게 "영혼의 닻"(히 6:19)이 되어 현실의 어떤 거센 태풍이 몰려와도 흔들리지 않고, 영혼의 등불이 꺼지지 않게 붙잡아 보호하십니다.

2차 대전이 치열하던 시기에도 전후 세계 평화를 위해 기도하며 희망의 씨를 심는 소수의 영국 기독청년 지도자들이 있었습니다. 그들은 포로수용소에서 독일군 전쟁 포로들에게 성경을 가르치고 민주주의 교육을 훈련시켜, 전후 정의롭고 평화로운 유럽을 준비하기 위해 '노튼 캠프'(Norton Camp)라는 학당을 세웠습니다. 19세의 포로로 노튼 캠프에서 성경을 배우던 무신론자 몰트만은 살아 있는 믿음으로 친구가 되어 주는 자매형제들의 사랑 안에서 회심하고, 20세기 가장 위대한 신학자 중 한 사람으로, '희망'의 전도사, 부활의 증인으로 헌신했습니다. 그는 포로수용소 안 노튼 캠프를 회고하며 이런 고백을 남겼습니다.[10]

---

10   위르겐 몰트만,《몰트만 자서전》, (이신건·이석규·박영식 옮김, 대한기독교서회, 2011), 49-60.

나는 다시금 삶의 용기를 되찾았다. '아무런 억압이 없는 하나님의 넓은 공간' 안에서 일어날 부활을 향한 위대한 희망이 나를 서서히, 하지만 더 확실하게 사로잡았다. 그리스도에 대한 이러한 신앙도 갑자기, 하룻밤 사이에 일어난 것은 아니다. 하지만 이것은 점점 더 중요한 것이 되었다. … 나는 하나님의 빛나는 얼굴을 느꼈다. 나의 감각이 깨어나고 내가 생명을 다시 사랑할 수 있을 때, 나는 그분의 위대한 사랑에 온기를 느꼈다. '하나님의 숨겨진 얼굴'(הֶסְתֵּר פָּנִים, hester panim) 이 하나님의 빛나는 얼굴로 바뀐 이러한 전환을 나는 예수 안에서, 곧 고난 속의 형제요, 참생명으로 인도하는 부활의 예수 안에서 경험했다.

민족사에서 가장 어둠이 짙어 거의 모든 사람들이 절망하던 일제 강점기에, 겨레의 독립과 아름다운 문화국가를 꿈꾸며, 전 재산을 바치고 생명을 바쳐서 연변, 정주, 평양을 비롯하여 청소년들을 길러 내는 학교와 교회를 세우며 눈물로 씨를 뿌리던 우리 조상들, 독립군에 몸 바쳐 싸우던 우리 조상들이야말로, 부활의 희망으로 살았던 사람들이었습니다.

나만 편하게 잘살겠다는 본능을 십자가에 못 박고, 지금도 가난한 이웃에게 필요 물품들을 보내고, 십자가와 부활로 세워지는 하나님 나라 복음을 전하려고 생명을 걸고 숨어 일하는 분들은 바로 희망의 사람들입니다. 아니, 작은 일에 충성하며 하나님 나라를 꿈꾸는 모든 사람들, 남들이 어떻게 보든 상관없이 하나님의 사랑의 눈빛을 의식하며, 가까운 이에게 살아 계신 예수님을 말과 글과 삶으로 드러내는 자가 가장 행복한 자들입니다. 복음이 사람을 살리고 세상을 살려 냅니다.

하나님과 나

—— 죽음이 끝이라면 삶과 신앙은 어떻게 달라질까요?

—— 부활이 있기에 삶의 큰 위안 또는 용기를 얻은 일이 있나요?

그리고 우리

—— 하나님의 사역에 성공과 실패가 있다고 생각하나요?

—— 역사적으로 교회가 세상에 소망을 던져 준 사례를 살펴보고

오늘날의 적용점들을 나누어 봅시다.

5.

마지막

20 그러나 이제 그리스도께서는 죽은 사람들 가운데서 살아나셔서, 잠든 사람들의 첫 열매가 되셨습니다. 21 한 사람으로 말미암아 죽음이 들어왔으니, 또한 한 사람으로 말미암아 죽은 사람의 부활도 옵니다. 22 아담 안에서 모든 사람이 죽는 것과 같이, 그리스도 안에서 모든 사람이 살아나게 될 것입니다. 23 그러나 각각 제 차례대로 그렇게 될 것입니다. 첫째는 첫 열매이신 그리스도요, 그 다음은 그리스도께서 재림하실 때에, 그리스도께 속한 사람들입니다. 24 그 때가 마지막입니다. 그 때에 그리스도께서 모든 통치와 모든 권위와 모든 권력을 폐하시고, 그 나라를 하나님 아버지께 넘겨드리실 것입니다. 25 하나님께서 모든 원수를 그리스도의 발 아래에 두실 때까지, 그리스도께서 다스리셔야 합니

다. **26** 맨 마지막으로 멸망 받을 원수는 죽음입니다. **27** 성경에 이르기를 "하나님께서 모든 것을 그의 발 아래에 굴복시키셨다" 하였습니다. 모든 것을 굴복시켰다고 말할 때에는, 모든 것을 그에게 굴복시키신 분은 그 가운데 들어 있지 않은 것이 명백합니다. **28** 그러나 모든 것이 하나님께 굴복 당할 그 때에는, 아들까지도 모든 것을 자기에게 굴복시키신 분에게 굴복하실 것입니다. 그래서 하나님은 만유의 주님이 되실 것입니다. **15:20-28, 새번역**

"죽은 후엔 어떻게 될까?" "지금이 말세 아닌가?" 누구나
세상이 엉망이고 앞이 보이지 않을 때 한 번씩 던져
보는 질문일 것입니다. 오늘 본문은 그리스도의 부활로
시작되고 재림으로 완성될 종말에 대한 말씀입니다.
개인의 종말보다는 인류, 역사, 우주의 종말이라는 큰
이야기를 다루고 있습니다. 거대한 이야기 안에 개인도
포함되므로, 기독교 종말론을 믿는 것은 내 운명과도
직결된 주제입니다.

　　　본문의 짧은 아홉 절 안에서 바울은 인류, 역사와
우주의 종말에 관한 중요한 주제를 다룹니다. 딱딱할
수 있지만, 연구자의 자세로 공부하면(딤후 2:15), 신앙의
뼈대가 세워지는 보람을 느끼게 될 것입니다. 그러나 종말
진리를 단번에 체계화하거나 다 알려는 성급함을 내려놓고,
본문이 허용하는 한계까지만 이해하고 만족하는 것이
지혜롭습니다.

그리스도의 부활이 있기에

　　　"그러나 이제!"(But now) 바울은 앞 단락에서 부활이
없다면 얼마나 비참한가를 상기시킨 후, 20절부터는

부활이 분명 있기에 우리가 누릴 축복이 얼마나 고귀한
것인지를 알려 줍니다.

처음 열매

> 그러나 이제 그리스도께서 죽은 자 가운데서 다시
> 살아나사 잠자는 자들의 첫 열매가 되셨도다 **15:20**

처음 열매는 수확하는 곡식의 본보기로서,
뒤에 추수할 곡식의 특성을 보여 줍니다. 처음 열매인
그리스도의 부활은 성도의 영생을 보장합니다. 장래 우리의
부활체는 부활하신 그리스도의 몸과 같을 것입니다.

아담과 그리스도

바울은 "대표 원리" 또는 "아담 유형론"이라고
부르는 방식으로 죽은 자의 부활을 설명합니다.

> 사망이 한 사람으로 말미암았으니 죽은 자의 부활도
> 한 사람으로 말미암는도다 아담 안에서 모든 사람이 죽은
> 것 같이 그리스도 안에서 모든 사람이 삶을 얻으리라
>
> **15:21-22**

첫 사람 아담은 인류의 조상이요, 대표입니다. 아담이 하나님을 반역해서 죄와 죽음이 왔습니다(롬 5:12, 14-15). 아담의 유전자를 받은 인류는 예외 없이 죄인으로, 죽을 운명으로 태어났습니다. 조상을 따라 우리가 김가, 이가로 태어나는 것처럼 말입니다. 하나님의 메시아는 새 아담, 또는 마지막 아담입니다. 그는 "여자의 후손"으로 오셨습니다(창 3:15; 요 1:14). 본래 하나님이시지만, '성육신'(成肉身, incarnation)하심으로, 우리와 함께 머무셨던 참하나님이시며 참사람이십니다. 이것이 신비입니다. 새 아담 예수는 새 인류의 대표로 부활하심으로 인간의 운명을 죽음에서 삶으로 바꾸어 놓으셨습니다. 그리스도 안에서 거듭난 자는 그의 유전자를 받아 영생하는 새 생명을 얻습니다(롬 5:17, 21). 주의 부활은 이미 발생한 사건이지만, 죽은 자의 몸이 부활하는 시점은 주님이 재림하시는 때입니다. 그렇다면 부활하신 주님이 재림하기까지 어디서 무엇을 하실까요?

그리스도의 하늘 사역

본문에서 바울이 왜 주님의 승천을 언급하지 않았을까요? 주의 부활과 승천이 40일 안에 일어났으니까, 동시적으로 이해한 것 같습니다. 본문에 나오지 않으나,

복음을 온전히 이해하는 데 있어 승천하신 주님이 하시는
일을 아는 것이 필수입니다.

첫째, 승천하신 주님은 하나님과 사람 사이의
교제를 돕는 '중보자'로, 대제사장직을 수행하십니다(히
4:14-15). 죄로 하나님과의 교제가 끊길 위기에도 우리가
죄를 고백하면, 용서를 받아 사귐이 회복됩니다(요일 2:1-2).
그는 우리를 위해 아버지께 중보하시며, 우리를 죄와
온갖 시험에서 보호하십니다. 그를 통하여 우리는
언제나 은혜의 보좌 앞에 담대히 나아갈 특권을 누리게
되었습니다(히 4:15-16).

둘째, 승천하신 주님은 왕으로 만유를
통치하십니다(엡 1:20-22). 그리스도의 왕권은 포괄적이며
영원하고 절대적입니다. 그의 통치는 교회에 국한되지
않습니다. 모든 세계, 모든 영역, 우주와 역사를 다스립니다.
그러므로 모든 피조물의 경배와 찬양을 받기에 합당하신
분입니다. 그를 왕으로 경외하고, 그의 다스림을 받는 자는
성령 안에서 의와 평강과 희락이 넘치는 하나님 나라를
누리게 됩니다(롬 14:17).

셋째, 공의로운 재판장으로 살아 있는 자와 죽은
자를 심판하십니다(행 10:42). 예수님이 죽으실 때 불의가
의를, 거짓이 진리를 십자가에 못 박고 쾌재를 부르는

악의 승리를 봅니다. 그러나 하나님은 공의로우시므로
감추었던 모든 악도 수색해서 심판하십니다. 그의 심판은
그의 집, 교회로부터 시작할 것입니다(벧전 4:17). 그러므로
복음 제시에는 구원만 아니라, "의와 절제와 장차 오는
심판"도 포함됩니다(행 24:25). 복음에 합당하게 산다는
것은 주의 심판을 의식하며 의롭고 절제하는 삶을 사는
것입니다.

마지막 부활 순서

> 그러나 각각 자기 차례대로 되리니 먼저는 첫 열매인
> 그리스도요 다음에는 그가 강림하실 때에 그리스도에게
> 속한 자요 그 후에는 마지막이니 15:23-24상

바울은 "모든 사람이 주 안에서 삶을 얻는" 순서를
알려 줍니다. "차례"(τάγμα, tagma)는 군대 사열 같은 질서를
가리킵니다. 23절 "다음에는", 24절 "그 후에는" 역시 사건
발생의 전후관계를 가리킵니다. 몸의 부활이 동시다발로
발생하는 게 아니라 일정한 시차를 두고 정해진 순서에
따라 일어납니다. "그가 강림하실 때에 그리스도에게 속한

자"란 주를 믿고 죽은 성도와 생존 성도 모두를 포함합니다.
죽어 하늘에 있던 성도와 아직 땅에 살아 있던 성도의
부활에도 순서가 있습니다(살전 4:16-17). 생존 성도는
공중에서 주님을 영접하고 나서[휴거], 천국에 있던 성도와
함께 지상에 임하게 될 것입니다. 여기서 몇 가지 질문을
떠올리게 됩니다.

주의 재림이 확실한가?

예수님은 세상에 계실 때 부활, 승천하신 후 다시
오신다고 여러 차례 약속하셨습니다. 주님은 약속을
반드시 지키십니다. 그러므로 성도의 간절한 희망이
주님의 재림입니다. 끔찍한 죽음을 통하지 않고, 홀연히
부활의 몸으로 변화되기 때문입니다.

사람은 죽으면 어떻게 되는가?

주의 재림 전에 죽은 자의 영혼은 어디에 있을까요?
신학 논쟁보다는 성경이 알려 주는 정도에 만족해야 할
것입니다. 성도가 죽으면 흙이 됩니다. 분명한 것은 흙으로
돌아간 우리 몸이 다시 살아나는 때가 온다는 사실입니다.
잠든 자는 깨어날 때가 오기 때문에, 예수 믿고 죽은
자를 "주 안에서 잠자는 자"라고 부릅니다(15:18). 생물학적

죽음이 육체와 영혼의 분리라면, 죽은 자의 영혼은 어떻게 될까요? 성도의 영혼은 유가족의 슬퍼하는 모습을 뒤로하고 천사의 인도를 받아 "셋째 하늘", 주님 계시는 낙원으로 이끌려 들어갑니다(눅 16:22; 23:43; 고후 12:4). 대기권이 첫째 하늘, 블랙홀과 화이트홀의 우주가 둘째 하늘이라면, 셋째 하늘은 그 위 지극히 높은 곳 하나님의 보좌가 있는 하늘로 볼 수 있을 것입니다. 영혼은 낙원에서 (고후 5:8; 히 12:23; 계 6:9) 주의 재림까지 사랑하는 주님과 함께 즐겁게 거할 것입니다.

주께서 재림하는 때에, 성도의 죽은 몸이 부활의 몸으로 순식간에 영혼과 결합하며 살아납니다. 그 몸은 잠자는 자들의 처음 열매 되신 그리스도의 부활의 몸과 같습니다. 부활의 몸이 나의 본래의 모습일까? 먼저 세상 떠난 이들(내 가족, 친구들)은 알아보고 만날 수 있을까? 성경 증거가 충분하지 않은 부분은 하나님의 전지전능하심과 사랑의 속성, 우리의 상식과 상상으로 내 나름의 생각을 정리하는 것이 잘못은 아닙니다. 어쩌면 그 점이 기독교 신앙의 매력이기도 합니다. 짐승은 영혼이 없으니까 낙원에 못 간다고 단정하는 자도 있습니다. 그러나 이사야의 종말 예언에는 "이리와 어린 양이 함께 살며… 젖 먹는 아이가 독사의 굴에 손을 넣는"(사 11:6, 8) 동화 같은 내용도 나옵니다. 빌리 그레이엄은 천국에 가서 내 강아지도 다시 안아 줄 수 있지 않겠느냐고 완곡하게 표현했습니다.[11]

　　그러나 우리의 궁극적인 희망은 죽어서 천당 (낙원)에 가는 것이 아닙니다. 그 너머에 있습니다. 주님 다시 오심으로 완성되는 하나님 나라가 이 땅에 임하는 것입니다. 천국으로 올라가는 것이 아니라 천국이 지상에 내려옵니다. 만물이 새롭게 되는 새 하늘과 새 땅이 우리가 거할 집입니다. 더 이상 병들고 죽거나 슬퍼하지 않습니다. 아버지 집에서 영원한 생명을 풍성하고 즐겁게 누립니다. 하나님의 영광을 보며 천사들과 함께 찬송할 것입니다. "왕의 왕 주의 주, 주께서 친히 다스리시네 할렐루야!"

주의 통치 영역 확장

세상 마지막

재림 전까지, 승천하신 그리스도의 과제는

---

11 Billy Graham, *Facing Death and the Life After*, (Grason, 1987).

하나님께로부터 위임받은 하나님 나라를 세워 나가는
일입니다.

> 그 후에는 마지막이니 그가 모든 통치와 모든 권세와
> 능력을 멸하시고 나라를 아버지 하나님께 바칠 때라
> **15:24**

　　"마지막"이란 주의 재림의 때, 역사의 종말을
가리킵니다. 이때까지 그리스도는 하나님을 반역하는
모든 세력을 완전 멸절하실 것입니다. "통치, 권세, 능력"
이란 개인, 인간 사회, 모든 지역과 영역에서 하나님을
적대하는 세력을 총칭하는 표현입니다. 사탄과 그의
휘하에 있는 악한 영들이 정치, 경제, 문화의 지배
체제라는 구조악으로 하나님의 뜻에 반기를 들고 침공해
왔습니다.[12] 주님은 복음의 일꾼들을 통해 지금 현재도
개인과 사회 구조를 지배했던 "이 세상 임금"(요 12:31)의
통치권을 하나하나 접수하여 하나님 나라를 확장하고
계십니다. 하나님이 정하신 때 천사 나팔 소리와 함께

12　　월터 윙크,《사탄의 체제와 예수의 비폭력》, (한성수 옮김,
　　　한국기독교연구소, 2015), 172쪽 이하.

주께서 다시 오시는 날, 악의 세력을 완전 정복하는 승리의
날을 맞게 됩니다.[13]

예수께서 전도 여행에서 돌아온 제자들에게
선언하신 적이 있습니다. "…사탄이 하늘로부터 번개같이
떨어지는 것을 내가 보았노라"(눅 10:18). 사도 요한은
그리스도께서 오신 목적이 첫째는 "…죄를 없애려고"(요일
3:5), 둘째는 "…마귀의 일을 멸하려 하심"이라 했습니다
(요일 3:8). 부활로 마귀에게 결정타를 때려 척추를
부러뜨리면서, 전면전에서 '이미' 결정적 승기를
잡았습니다. 그러나 '아직' 손발을 움직여 여기저기서
산발적으로 게릴라 작전 하는 무리를 소탕하고 계십니다.
주님 재림하시는 그날, 마침내 완전 승리를 선포하실
것입니다.

사망, 마지막 원수

그가 모든 원수를 그 발 아래에 둘 때까지 반드시 왕 노릇
하시리니 맨 나중에 멸망 받을 원수는 사망이니라 **15:25-26**

---

13   Michael Green, *I Believe in Satan's Downfall*, (William B. Eerdmans
        Publishing Company, 2023), 78.

사탄은 "죽음의 세력을 잡은 자"였습니다(히 2:14). 인간은 "죽기를 무서워하므로 한평생 매여 종노릇하는" 노예들입니다. 그간 나를 누르고 옥죄며 비루하게 만든 통치 권세가 무엇이었던 것 같습니까? 나를 무력한 노예로 만들어 하나님 형상인 인간의 존엄을 욕되게 했던 것이 무엇이었을까요? 한반도는 세계의 이념과 권력 의지가 충돌하며 가인과 아벨의 역사 한복판이 되어 총칼, 죽창으로 동족이 서로 살육했던 땅입니다. 하나님을 배제한 세상이나 종교 권력, 기업이나 다른 조직 통치 (거버넌스)가 인간을 죽음의 공포로 노예화합니다.

"그러나 이제!" 찬양합시다. 주께서 다시 오셔서 마귀를 멸하십니다. 죽음의 세력에 포로가 된 우리의 결박을 풀어놓아 주십니다. 그날은 해방선언일이요 광복의 날입니다(히 2:14-15). 인류의 마지막 원수 사망을 지옥 불못에 영원히 멸절시키는 날입니다.

창조 주권과 질서 회복

만물을 그의 발 아래에 두셨다 하셨으니 만물을 아래에 둔다 말씀하실 때에 만물을 그의 아래에 두신 이가 그 중에 들지 아니한 것이 분명하도다 만물을 그에게 복종하게

하실 때에는 아들 자신도 그 때에 만물을 자기에게
복종하게 하신 이에게 복종하게 되리니 이는 하나님이
만유의 주로서 만유 안에 계시려 하심이라 **15:27-28**

시편 8편 6절 말씀대로, 그리스도는 만물을
그의 발아래 두고 정복 전쟁에서 승리하고 계십니다.
고린도서가 기록되던 1세기, 왕은 적군을 정복하여 영토
확장 능력으로 그 권위를 인정받았습니다. 패장과
전쟁 포로들은 정복 왕의 발아래 무릎을 꿇고 복종을
맹세했습니다. 그리스도가 마귀 세력을 파하고 세상을
완전 정복하는 때가 재림의 때, 역사의 종말입니다. 주의
부활 이후 재림 시까지, 곧 교회 시대라고 일컫는 지금이
그리스도께서 하나님 보좌 우편에서 통치하는 시대인
것입니다. 교회가 위축되는 것처럼 보일 때도 있으나,
하나님 나라는 주의 사람들과 주의 몸 공동체를 통해
꾸준히 확장 일로에 있습니다. 역사가 누가는 복음 말씀,
성령, 교회 공동체가 하나님 나라 건설의 원동력임을
강조합니다.

하나님 나라 건설 전략
그리스도의 하나님 나라 건설 전략은 소수의

훈련된 복음의 일꾼을 성령의 사람들로 세워 부활공동체를 이루고 세상을 뒤집어엎는 영적 혁명을 일으키는 일이었습니다. 달라스 윌라드가 《하나님의 모략》에서 잘 설명합니다. 예수께서 메시아 사역을 출발하시면서 외치신 첫 메시지가 무엇입니까?

때가 찼다. 하나님의 나라가 가까이 왔다 **막 1:15상, 새번역**

"가까이 왔다"는 뜻의 헬라어 엥기조(ἐγγίζω, enggizo)는 가만히 머무는 '정태'가 아니라, 몸짓하며 움직이는 '동작'을 가리키는 단어입니다. 그리스도가 오심으로 하나님의 인류 구속의 혁명이 출발했다, "이제 혁명이 시작됐다"(The revolution is here)는 뜻입니다.[14] 하나님의 아들 그리스도께서 왕권을 가지고 통치하는 나라가 지금 여기서부터 출발한다는 말입니다. 그리스도가 다스리는 은혜와 진리, 사랑과 평화, 기쁨과 풍요의 하나님 나라 혁명이 시작되었다는 장엄한 선포입니다. 혁명이 성공하려면 지혜롭고 혁명 목표를 공유하며 목숨을 거는 주체세력이 필요합니다.

---

14   D. Wenham, *The Parables of Jesus*, (IVP, 1989), 20.

마가는 복음서 1장을 전개하면서, 메시아의
하나님 나라 선포 직후 예수님과 함께할 혁명 동지인,
'예수의 내부자 써클'(The Jesus Circle)로 제자들을 부르십니다.
시몬과 안드레, 야고보와 요한이 예수의 하나님 나라
주체세력이요, 운동원들입니다. 예수의 첫 메시지는 불의와
거짓, 증오와 차별, 공포와 살인으로 세상을 지배하던 사탄
세력을 축출하고, 재림 시까지 하나님이 그리스도에게
위임 통치하시는 우주적 전쟁의 선전포고였습니다.[15]
그리스도의 나라 혁명은 현실 정치를 비롯하여 삶의 모든
영역에 그리스도의 의와 사랑의 법을 준행하도록 영향을
끼치게 됩니다.

하나님의 통치 영역

교회는 하나님 나라가 이 땅에 상륙 작전을 펼치는
치열한 영적 전투의 교두보입니다. 교회는 건물 잘 짓고
사람 많이 모으고, 헌금 걷어 목사가 귀족 대접 받는 종교
비즈니스가 아닙니다. 부활의 복음과 성령의 능력을
덧입어 "흑암의 권세에서 죄인들을 건져내어 주의 사랑의
아들의 나라로 옮기는"(골 1:13) 구출 작전에 투입된 주의

---

15   R. T. France, *Divine Government*, 14; *The Gospel of Mark*, (SPCK, 1990), 20.

군대입니다. 사탄의 치하에 있던 불의의 영토를 탈환해서
의가 거하는 하나님 나라(벧후 3장)를 확장해 나가는 것이
전쟁 목표입니다.

　　그러므로 주님과 주님의 교회가 하나 되어

　　첫째, 지리적으로 예루살렘으로부터 시작해서 땅
끝까지,

　　둘째, 민족적으로 유대인부터 로마제국과 모든
유럽 종족 그 후 아시아와 아프리카, 유럽인에 이르는 모든
민족에게,

　　셋째, 영역별로 가족, 종교(교회와 선교단체), 교육,
경제와 과학기술, 정치, 대중매체, 예술, 문화 스포츠, 기후
환경에 이르기까지, 하나님의 통치 영역을 넓혀 나가야
합니다.

　　'교회'란 지역교회만이 아니라, 여러 형태의
신앙공동체를 말합니다. 예컨대 가정교회, 일터 사역, 학원
선교, 군 선교를 전문 사역으로 하는 복음운동 공동체를
포괄하는 보편교회, 공교회를 뜻합니다. 그리스도는
교회를 통해 각 지역과 민족, 영역을 지배하던 사탄의
세력을 멸하여 그의 발아래 무릎 꿇게 함으로써 마침내
하나님의 통치권을 완전무결하게 회복합니다. 그 후에
그리스도는 왕권을 하나님께 넘김으로, 하나님 나라가 이

땅에 임하는 과업을 완수하십니다.[16]

> 만물을 그에게 복종하게 하실 때에는 아들 자신도 그때에
> 만물을 자기에게 복종하게 하신 이에게 복종하게 되리니
> 이는 하나님이 만유의 주로서 만유 안에 계시려 하심이라
> **15:28**

하나님 나라 마무리

그리스도께서 재림하시는 역사의 마지막에 왕권을
하나님께 넘기심으로 하나님 나라가 완성되고, 천지창조
질서가 회복됩니다. 하나님은 본래 당신의 형상대로
인간을 창조하시고, 그들에게 모든 피조물을 다스리는
부왕 권한을 위임하셨습니다(창 1:26-28). 하나님의
천지창조는 '하나님 – 인간 – 만유'의 가치체계 질서로
이루어졌습니다. 그러나 하나님을 반역한 인간에게 임한
저주로 세상은 "혼돈과 공허와 흑암"의 지옥이 되고
말았습니다. 하지만 파괴된 창조 질서를 회복시키시려는
하나님의 경륜은 그리스도의 초림으로 대속의 죽음과

---

16   Cunningham, *The Book that Transforms Nations*, (YWAM Publishing
        Singapore, 2006), 40.

부활로 시작해서 재림으로 완성됩니다. 그리스도께서 만유를 정복하신 후 당신 자신도 하나님 형상을 회복한 인간들과 함께 하나님의 권위 아래 복종할 때, 하나님 – 인간 – 만유의 완벽한 창조 질서가 회복됩니다.

"만유의 주로서 만유 안에"(πάντα ἐν πᾶσιν, panta en pasin)는 '모든 것 안에서 모든 것'(all things in all), 곧 하나님의 총체적 통치를 가리키는 말입니다. 그리하여 오직 하나님만이 "만유의 주"(All in All), 역사의 알파와 오메가로서 홀로 영광을 받으십니다.

그렇다면 우리의 마지막 희망은 무엇일까요? 선진국에서 풍요를 누리고, 요술 방망이 같은 과학기술 발전으로 인간의 생명을 100년 더 연장하는 것이 아닙니다. 성도의 최후 소망은 주께서 재림하셔서 사망 권세를 파하시고 성부 하나님께 통치 왕권을 넘기심으로 하나님이 다스리실 영원한 하나님 나라입니다. 이 희망은 우리를 지금 여기서 다른 모든 것보다도 우선, 하나님 나라와 그 의를 구하도록 열정을 불러일으킵니다. 마지막이 아름다우면 모든 것이 아름다워집니다. 지금 여기서 우리가 주께 바치는 작은 순종이 주의 나라에 들어가는 마지막 기회일 수 있습니다.

세상이 힘들수록, "내가 속히 오리라"는 주의

약속을 더욱 간절하게 붙잡습니다. 주여, 어서 오시옵소서!
그래야 우리가 살겠나이다!

하나님과 나

—— 부활, 승천하신 예수님이 나를 위해 중보하고 계심을 믿고 있나요?

—— 현재 나는 삶의 순간과 시간에 어떠한 의미를 부여하며 살아가고
있나요?

그리고 우리

—— 현대 과학과 지성이 기독교 신앙과 조화를 이룰 수 있다고
생각하나요? 자유롭게 토론해 봅시다.

—— 이 땅의 법과 질서와, 성경에 계시된 하나님 나라의 법과 질서의
유사점 및 차이점을 토론해 봅시다.

6.

부활을
살다

29 죽은 사람들이 살아나지 않는다면, 죽은 사람들을 위해서 세례를 받는 사람들은 무엇 하려고 그런 일을 합니까? 죽은 사람이 정말로 살아나지 않는다면, 무엇 때문에 그들은 죽은 사람들을 위하여 세례를 받습니까? 30 그리고 또 우리는 무엇 때문에, 시시각각으로 위험을 무릅쓰고 있습니까? 31 형제자매 여러분, 나는 감히 단언합니다. 나는 날마다 죽습니다! 이것은, 우리 주 예수 그리스도께서 여러분에게 하신 그 일로 내가 여러분을 자랑스럽게 여기는 것만큼이나 확실한 것입니다. 32 내가 에베소에서 맹수와 싸웠다고 하더라도, 인간적인 동기에서 한 것이라면, 그것이 나에게 무슨 유익이 되겠습니까? 만일 죽은 사람이 살아나지 못한다면 "내일이면 죽을 터이니, 먹고 마시자" 할 것입니다.

33 속지 마십시오. 나쁜 동무가 좋은 습성을 망칩니다. **34** 똑바로 정신을 차리고, 죄를 짓지 마십시오. 여러분을 부끄럽게 하려고 내가 이 말을 합니다만, 여러분 가운데서 더러는 하나님을 아는 지식이 없습니다.

15:29-34, 새번역

바울은 고린도 교인들에게 부활을 말과 이론으로만
가르치지 않습니다. 부활을 믿고 소망하는 데 그치지 않고,
반드시 부활 정신으로, 몸으로 살아 내는 부활 윤리를
강조합니다.

고린도 교인들은 제국의 강포와 부패한 도시
문화의 악영향에서 벗어날 수 없었습니다. 교회 안과 밖의
삶이 달라 연극배우같이 살아야 했습니다. 대도시는 복음
전도의 황금 어장이지만, 동시에 하나님을 소외시키고 시장
논리와 인간과 물질 중심의 세속문화가 지배하는 곳입니다.
거짓 선생들의 초등학문, 철학, 욕망과 거짓이 우상숭배와
주술과 함께 춤추는 아수라장입니다. 이 비뚤어지고
어그러진 시대를 살면서 그리스도인들은 누구나 신앙과
삶이 일치하지 않는 이중성 때문에 고민합니다.

바울은 자기 생활 철학과 삶의 태도를 밝힘으로써,
부활 신앙을 가진 우리가 현실을 어떻게 비판적으로 분석해
보며 일상을 살아야 할지, 도전과 격려를 주고 있습니다.

죽은 자를 위한 예배

죽은 사람들이 살아나지 않는다면, 죽은 사람들을

위해서 세례를 받는 사람들은 무엇 하려고 그런 일을
합니까? 죽은 사람이 정말로 살아나지 않는다면, 무엇
때문에 그들은 죽은 사람들을 위하여 세례를 받습니까?

15-29, 새번역

당시에는 죽은 자 대신 세례받는 예식 관행이
있었던 것 같습니다. "위하여"는 휘페르(ὑπέρ, hyper), '~을
대신하여'란 뜻입니다. 예수를 믿었으나 세례를 못 받고
죽은 자를 위해 또는 확인할 수 없는 이유로, 죽은 자 대신
받는 세례가 허용되었나 봅니다. 이런 관행이 지속되지는
않았습니다. 당시 그런 세례는 바르지는 않지만 신앙에
큰 해가 없는 행위로 간주되었던 것 같습니다. 바울은
별 저항 없이 이런 세례식에 참여한 것이 부활을 전제한
행위가 아니고 무엇이냐고 반문합니다.

여기서 질문이 생깁니다. 죽은 사람을 위한 애도나
추모 예배에 대해 어떤 입장을 가져야 할까요? 성경이
명료하게 언급하지 않지만, 죽은 자 애도를 신앙이 없는
모습이라고 단정하는 자들이 있습니다. 하나님의 마음에
합한 사람 다윗도 사울 왕, 친구, 아들의 죽음을 겪을
때마다 충분히 슬픔을 표현했습니다. 그렇다고 감정에
주저앉지 않고, 애도 기간을 마친 후에는 일상으로 돌아와

할 일을 했습니다. 돌아가신 부모님을 추모하는 예배를
드리되 민간신앙에서 전해 오듯 그들의 영을 제사에
모시는 심정이 아니라, 그들을 조상으로 주신 하나님의
은혜에 감사예배를 드린다면 문제가 없을 것입니다.

　　여기에 덧붙여, 성경이 가르치지 않는 질문에
대해서도 잠시 언급해야 하겠습니다. 예컨대 이순신
장군은 구원받았을까, AI를 사용해서 성경 공부 해도
괜찮을까, 저 사람이랑 결혼해도 괜찮을까 등에
무엇이라고 답해야 할까요? 하나님의 진리 되심, 그의
무한한 사랑과 부활에 근거해서 상식과 덕을 세우는
방향으로, 또 성령의 지혜를 구하면 자기 나름의 답을
얻을 수 있을 것입니다. 쉽지 않습니다. 그런 과정을 거쳐
얻은 답에 평안을 느낀다면 주께서 허락하신 것으로
여겨도 되지 않을까요? 무엇보다 성경에 기초해서 꾸준히
내 마음과 교회 안에 들어와 있는 비성경적인 행습을
지적하고 제거해야 할 필요도 잊지 말아야 할 것입니다.

부활을 믿는 자의 삶

부활과 심판을 믿느냐, 안 믿느냐에 따라 사는

방식이 달라집니다. 세상 사람들은 넓은 길이지만
멸망으로 인도하는 '고린도식', 주의 제자들은 좁은
문으로 들어가는 '그리스도식'입니다(마 7:13-14). 바울은
부활신앙을 가진 주의 제자가 어떤 태도로 사는가를 알려
줍니다.

안정 대신 모험한다

> 그리고 또 우리는 무엇 때문에, 시시각각으로 위험을
> 무릅쓰고 있습니까? **15:30, 새번역**

바울은 시시각각 위험을 무릅쓰며 주의 일을
개척하는 길을 택합니다. 현대 문화 속에서 기독교인도
세상 사람과 별로 다르지 않습니다. 인생은 안정추구형과
모험불사형으로 구분할 수 있습니다.[17] 어차피 인생은
하나님이 지휘하시는 모험의 길입니다. 주의 제자들은
십자가 은혜를 경험한 후부터는 자발적으로 고난의 길을
택합니다. "나를 따르라"는 주의 부르심 안에서 소망을
보기 때문입니다.

---

17   폴 투르니에, 《모험으로 사는 인생》, (박영민 옮김, IVP, 2020).

잘 살기 vs. 잘 죽기

형제자매 여러분, 나는 감히 단언합니다. 나는 날마다
죽습니다! 이것은, 우리 주 예수 그리스도께서 여러분에게
하신 그 일로 내가 여러분을 자랑스럽게 여기는
것만큼이나 확실한 것입니다. **15:31, 새번역**

바울은 매일매일 죽음을 마주하며 산다고
고백합니다. 1차 선교여행 중, 루스드라에서 돌에 맞아
죽은 줄 알고 성 밖으로 버려졌던 사건부터(행 14장), 로마로
향하는 항해에서 익사 직전까지 갔던 일(행 27장) 등 죽음의
문턱을 들락날락했습니다.
  지금도 바울의 복음 정신을 본받는 주의 일꾼들이
있습니다. 생명의 위협을 무릅쓰고 이슬람권, 공산권,
힌두권에서, 학생단체 간사로서 복음을 전하는 작은
바울들입니다. 잘 먹고 잘사는 부자 목사와, 날마다
선교지에서 죽음을 각오하고 복음을 전하는 주님의 일꾼들
중 누가 성공한 주의 종일까요? 누가 주의 심판대 앞에서
칭찬받을까요?
  "나는 날마다 죽노라"는 바울의 고백은 육체적
고난만이 아니라 혈기나 욕망, 세상 자랑, 자아를 죽인다는

뜻까지도 내포할 것입니다(고후 6장).

> 내가 그리스도와 함께 십자가에 못 박혔나니 그런즉 이제
> 내가 사는 것이 아니요 오직 내 안에 그리스도께서 사시는
> 것이라 이제 내가 육체 가운데 사는 것은 나를 사랑하사
> 나를 위하여 자기 자신을 버리신 하나님의 아들을 믿는
> 믿음 안에서 사는 것이라 **갈 2:20**

부활이 없다면 절제하며 성실하게 살아야 할
이유가 없습니다. 수능시험을 앞둔 학생들이 절제하며
성실하게 사는 이유는 곧 심판이 있기 때문입니다.

맹수와 분투하듯

> 내가 에베소에서 맹수와 싸웠다고 하더라도, 인간적인
> 동기에서 한 것이라면, 그것이 나에게 무슨 유익이
> 되겠습니까? **15:32상, 새번역**

바울이 맹수와 실제로 싸웠다는 기록은 없습니다.
은유일 것입니다. 고린도서를 쓰던 시기에 바울은
에베소에 머물고 있었습니다. 로마제국의 3대 도시

중 하나였던 에베소에서 섹스 여신 아데미[비너스] 상
(image) 장사는 요즘 AI 반도체 사업처럼 엄청난 부를
창출했습니다. 경제인협회장 데메드리오는 바울의 복음
전파 영향으로 사업이 문 닫게 되자, 군중을 선동해서 바울
일행을 추방하려고 위협했습니다. 적대 환경에서 복음을
전하는 일은 원형극장에서 사자와 싸우는 검투사 같은
치열한 전투였습니다. 요즘 복음 전하기도 영적 혈투에
가깝습니다. 부활이 없다면 이런 투쟁이 "무슨 유익이
되겠습니까?"(15:32)

　　부활을 산다는 건 삶의 목표가 뚜렷하면서도
영원을 사는 여유로운 삶입니다. 반면에 세상 문화를
따르는 자는 어떻게 살까요?

먹고 마시다 죽자

　　만일 죽은 사람이 살아나지 못한다면 "내일이면 죽을
　　터이니, 먹고 마시자" 할 것입니다.　**15-32하, 새번역**

　　로마시대 원형극장에는 사자 굴이 있고, 다음 날
사자와 싸울 검투사 숙소가 있었습니다. 미친 듯 소리
지르는 군중 앞에서 사자와 싸우기 전날 밤, 검투사들은

고기와 포도주 등 진수성찬을 차려 놓고 반나의 무희들과
흥청망청 즐겼다고 합니다. 그들의 구호가 "내일 죽을
터이니 먹고 마시자"였습니다. 이사야 시대와 같습니다(사
22:13). 죽음의 공포를 잊으려는 몸부림 아니었을까요.

부활도 내세의 심판도 없다면, 까짓것 인생이
별거 있나 원초적 본능의 욕구대로 즐길 수 있는 데까지
즐겨 보겠다는 사람이 많아집니다. 먹고 마시고 광란의
춤을 추며 파티를 즐깁니다. 그리스도인은 시대를 읽어야
하는데, 시대를 관통하며 변하지 않는 현상이 있습니다.
노아 시대(창 6장), 모세 시대(출 32장), 예수님 시대(눅 17:27)
모두 형태는 변해도 본질은 변치 않습니다. 그래서 성경이
항상 현대적인 이유입니다.

내세의 소망 없이, 부활과 심판 없이 사는 인생은
예나 지금이나 쾌락을 찾든지 치열하게 살든지 둘 중
하나를 택합니다. 바울 시대에도 희랍의 금욕주의
스토아 철학이나 쾌락주의 에피쿠로스 철학이 지배하고
있었고(행 17:18), 현대에도 이름과 스타일만 다르지 사람이
구하는 것은 같습니다.

사람이 쾌락을 구하는 것 자체가 죄는 아닙니다.
《아직도 가야 할 길》의 저자인 정신과 의사 스캇 펙은
성숙한 사람의 특징을 "즐거움을 미루는 절제력"(delay of

the pleasure)이라고 했습니다. 지금 할 일을 하고, 후에 때가 되면 즐기는 자유함입니다. 그런 점에서 성도는 장래의 즐거움을 위해 현재의 고난을 즐길 줄 아는 능력자들입니다. 여행 즐겨라, 좋은 차 타고 건강 위해 골프 즐겨라 등의 속삭임에 성숙한 사람은 쉽게 흔들리지 않습니다. 개신교가 국민의 신뢰를 잃은 이유가 무엇일까요? 대형교회 목사들의 성적 타락, JMS, 신천지나 다른 이단들의 비윤리적 행태뿐 아니라, 화려한 교회 건물, 도시 목사의 평균 월급이 일반시민보다 월등히 높은 것에 대한 혐오감일 것입니다. 스님이나 신부, 원불교 교무에 비해 열 배 이상 받습니다. 천주교나 원불교처럼 수입을 평균적으로 나누지 않고, 각자도생, 무한경쟁 하는 적자생존의 천민자본주의 찌꺼기 악취 때문일 것입니다.

또한 부활신앙으로 사는 자는 즐길 대상을 잘 분별합니다. 창조주를 즐길 것인가 피조물을 즐길 것인가, 가치 창조를 즐길 것인가 욕구 충족을 즐길 것인가를 선택하는 분별력과 의지력이 성숙의 잣대입니다. 기억해야 할 것은 누구나 생명의 주인 앞에 나아가, 이 땅에서 어떻게 살았느냐에 따라 선악 간에 심판을 받는다는 사실입니다(히 9:27). 심판이 있어야 우주에 도덕적 질서가 생깁니다.

세속문화가 사람 망친다

속지 마십시오. 나쁜 동무가 좋은 습성을 망칩니다.
똑바로 정신을 차리고 죄를 짓지 마십시오.

15:33-34상, 새번역

핵개인 시대에 나쁜 동무 만날 일이 있겠냐고
반문할 수 있습니다. "악한 동무가 선한 행실을 더럽힌다"는
말은 당시 유행하던 고대 그리스의 극작가 메난드로스
(Menander, B.C. 342?-B.C. 291?)의 희극에 나오는 말이었답니다.
타락 후 하나님의 형상이 일부 망가졌지만, 사람의 양심
속에는 창조주가 심어 놓은 '도덕 규범'이 있습니다(롬
2:14-15). 우리 주위엔 인생이 허무한 줄 알면서도 성실한
도덕주의자들이 있습니다. 그러나 악한 친구들이 그들을
놔두지 않습니다(롬 1:32).

여기저기 "나쁜 동무"가 많습니다. 나쁜 교육, 나쁜
영상, 나쁜 서적, 나쁜 고린도식 문화에서 신자로서의
정체성을 지키기 위해서는 치열한 영적, 지적, 도덕적,
문화적 싸움이 필요합니다. 악한 문화의 영향은 거세고
집요합니다. 청교도식 금욕을 강조하는 것도 좋지 않지만,
청년의 정욕을 다스리지 못해 개인과 공동체에 치명타를

남겼던 삼손의 길을 가는 것은 비극입니다(삿 16장).
문화상대주의에 빠져 도덕적 수준을 낮추는 자들이
교회 안에도 많아지고 있습니다. 바울은 하나님의 사람
디모데에게 권했습니다.

> 너는 청년의 정욕을 피하고 주를 깨끗한 마음으로 부르는
> 자들과 함께 의와 믿음과 사랑과 화평을 따르라 **딤후 2:22**

부활을 산다는 건 고상한 삶입니다.

똑바로 생각하고, 거룩하게 살라

유진 피터슨은 34절을 《메시지 성경》에서 이렇게
풀어 번역하고 있습니다.

> 똑바로 생각하십시오. 깨어나 거룩한 삶을 사십시오. 더
> 이상 부활의 사실에 대해 오락가락하지 마십시오. 지금
> 같은 시대에 하나님을 알지 못하는 것은 여러분이 부릴
> 사치가 아닙니다. 이러한 일을 오래도록 방치하다니,
> 여러분은 창피하지도 않습니까?

기독교 사상의 정립

"똑바로 생각하십시오!" 이는 우리 한국인 신자들이 명심해야 할 말씀입니다. 사람의 생각이 그 사람입니다. 생각이 쌓이고 다져지면 사상이 됩니다. 사전에 명시된 '사상'이란 "사고의 결과로 얻어진 체계적 의식 내용"입니다. 하나님은 똑바로 생각하며 살도록 당신의 형상으로 사람을 만드시고, 밝은 이성과 깨끗한 양심을 주셨습니다. 거짓과 진리를 분별하도록 이성을, 선과 악을 구분하도록 양심을 주셨습니다. 그러나 죄로 타락해서 이성과 양심이 상당 부분 오염되었습니다. 진리의 전당이 진리 대신 실리를 추구하는 것이 가장 확실한 증거입니다.

미국의 대학은 하버드대가 창설된 1630년대부터 채플 예배와 개신교 신앙고백이 분명했습니다. 그러나 다윈과 프로이트 사상, 인본주의, 다문화 상대주의 이론으로 무장한 당대 최고 지식인 교수들이 교묘하게 죄를 죄로 인정하지 않는 갖가지 이론을 만들어 냈습니다. 역사가 마스든은 《미국 대학 정신》(G. M. Marsden, *The Soul of the American University*)에서, 초월적 존재를 학문 영역에서 몰아내고 그 자리를 인간의 자유 선택권으로 포장한 무신론 사상이 점령한 과정을 깊이 있게 다룹니다. 미국을

건설한 유럽 출신의 백인 앵글로색슨 개신교도(WASP),
청교도들이 근본주의 신앙만 고집하고 지성운동을 포기한
결과입니다. 1960년대에 무신론에 기초한 인본주의,
상대주의 철학, 자연주의 세계관에 대학을 내어 주고
말았습니다. 기독교 가정에서 일반 대학에 보낸 자녀들은
거의 신앙을 버리고 있습니다. 모든 진리의 근원인
창조주의 절대 진리를 연구하고 가르치기 위해 설립된
기관이 현재 미국 사회를 온통 인본주의, 상대주의화하고
있습니다. 미국을 따르는 한국의 대학도 다르지 않습니다.
자녀를 미국 유학 보내는 것을 최고 성취로 여기는 한국
부모들이 자녀들 때문에 노년을 불행하게 보내는 이유도
미국문화에 지배당하고 있기 때문 아닐까요.

지성과 양심도 주의 보혈로 정결함을 받아야
합니다(히 9:14). 하나님은 거듭난 자녀에게 계시의 말씀인
성경과 진리의 영인 성령을 선물로 주십니다. 그래서
진리의 사람들로 빚으십니다. 이 과정을 '성화'라고
칭합니다. 성화 과정에서 우선시해야 할 것이 바로 성경에
드러난 하나님의 생각에 나의 생각을 맞추어 '똑바르게'
생각할 수 있도록 하는 정신적 초점 맞추기 작업입니다.
바울은 그의 서신 여기저기에서 그리스도인의 사고,
'생각'의 중요성을 강조합니다.

육신에 속한 생각은 죽음입니다. 그러나 성령에 속한

생각은 생명과 평화입니다. **롬 8:6, 새번역**

문화에 너무 잘 순응하여 아무 생각 없이 동화되어 버리는

일이 없도록 하십시오. **롬 12:2, 메시지 성경**

여기서 "육신"이란 '타락한 인간 본성'(the sinful nature)을 가리키는 단어입니다. 타락한 본성을 따르는 사상, 성경에 기초한 '계시의존적'인 사상의 차이를 분별하고, 어느 상황에서라도 주님의 생각을 따르려는 수준에 이를 때, 신자는 세상 초등학문의 굴레에서 해방되어 성숙한 단계에 이르는 것입니다(골 2:8; 고전 13:11-12).

구한말, 한국사회에 기독교가 안겨 준 사상적, 문화적 영향은 실로 지대했습니다. 기독교 사상은 자유와 평등, 독립과 자존, 폭력과 억압에 대한 불복종과 항거, 진선미를 추구하는 교육열, 음악을 비롯한 예술열 등을 격려했습니다. 성경을 사랑하는 평신도 지식인들이 〈성서 조선〉 잡지로 백성을 계몽하는 데 헌신했습니다. 그들 중 한 사람인 함석헌 선생은 스승 유영모와 함께 한국역사에서 '사상가'로 불리는 거의 유일한 인물로

평가됩니다. 21세기 대한민국에는 사상가가 없다고
탄식합니다. 교회에서 그 많은 설교와 그 많은 책들이
나왔는데 기독교 사상이라고 할 만한 것이 없다니, 땅을
치고 울어야 할 일입니다. 그렇다고 모두 사상가가
될 수는 없습니다. 농업인, 과학기술인도 있어야 합니다.
다만 바울은 부활 신앙을 가진 자가 부활 정신으로 바르게
살아야 함을 힘주어 말하고 있습니다.

부활 정신으로 사는 사람은 물신숭배를 거절하고,
세상과 구별된 상향적이며 타인지향적인 삶을 사모하게
됩니다. 음란하고 패역한 세대를 거슬러, "똑바로 정신을
차리고, 죄를 짓지 않고", 고상한 가치를 추구합니다.

사람들, 특히 지도자들의 정신이 혼미하고,
술과 섹스에 취해 분별력을 잃으면 그 사회는 순식간에
나락으로 빠져들어 갑니다. 한국은 위기를 맞고
있습니다. 아니, 온 세상이 위기를 맞고 있습니다. 부활을
믿는 사람은 죽었다가 살아난 자답게, 위에 있는 것을
생각합니다. 목마른 사슴이 시냇물을 찾듯, 위로부터
오는 지식과 지혜를 사모합니다(골 3:2-3). 거기서 기독교
사상과 문화로 세속 문화를 세척하는 대안 문화가 꽃필
것입니다.

힘써 하나님을 알자

세상 멸망의 원인은 하나님을 아는 지식이 없기
때문입니다.

> 여러분을 부끄럽게 하려고 내가 이 말을 합니다만,
> 여러분 가운데서 더러는 하나님을 아는 지식이 없습니다.
>
> **15:34하, 새번역**

하나님을 아는 지식이 없다는 것은 주전 7세기
예언자 호세아의 책망입니다(호 4:6). 구원의 길이
무엇일까요? "그러므로 우리가 여호와를 알자 힘써
여호와를 알자"(호 6:3). 악한 시대에도 말씀대로 사는 자들,
하나님을 인격적으로 아는 역사의 남은 자들을 통해
시대를 깨우십니다. 18세기 영국의 부흥, 미국의
대각성운동이 좋은 사례입니다. 소수의 깨어 있는 자,
마틴 루터 킹이 말한 '창조적 긴장'을 놓지 않는 자가
시대를 살립니다.

예수의 제자들은 "세상에 있지만, 세상에 속하지
않는"(In the world, but not of the world) 사람입니다. 하나님을
아는 지식은 하나님의 눈으로 현실을 진단하는 통찰력과
미래의 해결책을 제시하는 예견력을 갖추게 합니다.

바울은 하나님을 아는 자는, 사상과 문화 전쟁터에서 복음 진리의 말씀으로 하나님을 대적하는 모든 이론과 궤변을 박살 내는 자들이라고 말합니다.

> 싸움에 쓰는 우리의 무기는, 육체의 무기가 아니라, 하나님 앞에서 견고한 요새라도 무너뜨리는 강력한 무기입니다. 우리는 궤변을 무찌르고, 하나님을 아는 지식을 가로막는 모든 교만을 쳐부수고, 모든 생각을 사로잡아서, 그리스도께 복종시킵니다.
>
> **고후 10:4-5, 새번역**

부활 정신으로 부활을 사는 부활의 증인들은 다르게 삽니다. 또한 부활의 복음이 사람과 세상을 살려 낼 수 있습니다. 복음은 하나님 나라의 가치로 문화를 변혁하는 능력입니다. 부활 정신으로 도전해서 이루어 낸 바울의 에베소 도시문화 변혁운동이 좋은 예입니다 (행 19:17-20). 우리는 부활을 믿을 뿐 아니라, 부활을 사는 자들입니다.

하나님과 나

—— 나는 고난과 불편함을 잘 견디는 자입니까? 아니면 편리함과

만족을 추구하는 자입니까?

—— 바울이 말한 "매일매일 죽는 경험"을 당신의 삶의 경험에 빗대어

표현해 본다면?

그리고 우리

—— 세상문화가 추구하는 변화와 하나님이 이끄시는 변화의 근본적

차이에 대해 본문을 통해 정리하고 나누어 봅시다.

—— "세상에 있지만 이 세상에 속하지 않은" 공동체는 구체적으로

어떠한 모습일지 나누어 봅시다.

7.

몸

35 그러나 "죽은 사람이 어떻게 살아나며, 그들은 어떤 몸으로 옵니까?" 하고 묻는 사람이 있을 것입니다. 36 어리석은 사람이여! 그대가 뿌리는 씨는 죽지 않고서는 살아나지 못합니다. 37 그리고 그대가 뿌리는 것은 장차 생겨날 몸 그 자체가 아닙니다. 밀이든지 그 밖에 어떤 곡식이든지, 다만 씨앗을 뿌리는 것입니다. 38 그러나 하나님께서는, 원하시는 대로, 그 씨앗에 몸을 주시고, 그 하나 하나의 씨앗에 각기 고유한 몸을 주십니다. 39 모든 살이 똑같은 살은 아닙니다. 사람의 살도 있고, 짐승의 살도 있고, 새의 살도 있고, 물고기의 살도 있습니다. 40 하늘에 속한 몸도 있고, 땅에 속한 몸도 있습니다. 하늘에 속한 몸들의 영광과 땅에 속한 몸들의 영광이 저마다 다릅니다. 41 해의 영광이 다르고, 달의 영광이 다르고,

별들의 영광이 다릅니다. 별마다 영광이 다릅니다. 42 죽은 사람들의 부활도 이와 같습니다. 썩을 것으로 심는데, 썩지 않을 것으로 살아납니다. 43 비천한 것으로 심는데, 영광스러운 것으로 살아납니다. 약한 것으로 심는데, 강한 것으로 살아납니다. 44 자연적인 몸으로 심는데, 신령한 몸으로 살아납니다. 자연적인 몸이 있으면, 신령한 몸도 있습니다. 45 성경에 "첫 사람 아담은 산 영이 되었다"고 기록한 바와 같이, 마지막 아담은 생명을 주시는 영이 되셨습니다. 46 그러나 신령한 것이 먼저가 아닙니다. 자연적인 것이 먼저요, 그 다음이 신령한 것입니다. 47 첫 사람은 땅에서 났으므로 흙으로 되어 있지만, 둘째 사람은 하늘에서 났습니다. 48 흙으로 빚은 그 사람과 같이, 흙으로 되어 있는 사람들이 그러하고, 하늘에 속한 그분과 같이, 하늘에 속한 사람들이 그러합니다. 49 흙으로 빚은 그 사람의 형상을 우리가 입은 것과 같이, 우리는 또한 하늘에 속한 그분의 형상을 입을 것입니다. 15:35-49, 새번역

욕된 것으로 심고 영광스러운 것으로 다시 살아나며 약한

것으로 심고 강한 것으로 다시 살아나며 **15:43**

위의 구절은 저에게 참으로 위로를 준 말씀입니다. 약한
몸으로 온갖 수술의 상처를 입고 한 줌 가루로 흙에 뿌려진
딸의 몸이 장차 부활의 몸으로, 강한 몸으로, 영원히
영광스러운 몸으로 산다는 소망을 안겨 주기 때문입니다.
사람이 죽어서 영혼만 영원히 산다는 것과, 영혼뿐 아니라
몸도 다시 산다는 것은 차원이 다릅니다. 썩은 우리 몸도
다시 살아 우리 주님의 부활의 몸과 같은 몸으로 다시
살아나는 소망은 우리를 살려 내는 메시지입니다.

        본문에서 바울은 이런 고린도 교인들의 질문에
답을 줍니다. 첫째, 부활의 몸이 현재의 몸과 어떻게
다른가? 둘째, 그런 변화가 어떻게 이루어지는가?

        탁월한 교사가 이해를 못해 갸우뚱하는
학생들에게 그림과 도표를 그려 가며 설명하듯, 바울은
식물원, 동물원을 거쳐 우주에 반짝이는 천체계로 데리고
다니면서, 우주에 꽉 찬 창조세계의 신비한 부활 능력과
형형색색의 아름다움을 알려 줍니다. 지금으로 말하자면
생명과학, 우주천문학, 논리적 실증주의 철학과 미학을
몽땅 동원해서 설득하고 있습니다.

성경선생 바울의 이런 갸륵한 노력은 다시 살아나는 우리 몸이 얼마나 영광스러운지를 알리는 예화요, 서막입니다. 기독교 복음은 영혼 구원만이 아니라, 몸의 부활이 어떤가를 계시해 주는 소망의 메시지입니다. 복음 안에 인간의 기대를 넘어서는, 상상을 초월하는 역전의 기쁜 소식, 천지의 새 창조 같은 놀라운 비전이 담겨 있습니다. 지금 텐트같이 낡아지는 몸을 벗어 버리고, 궁궐같이 튼튼하고 아름다운 부활의 몸을 입는 그날, 우리는 모두 매력 넘치는 완벽한 외모, 주의 마음을 닮은 고상한 성품으로 변합니다. 세상에서 무시당하던 우리를 하나님 나라 공주요 왕자로 신분이 수직 상승하도록 보장합니다. 본문은 성경에서 가장 많은 분량을 사용해서 몸의 종말, 몸의 신학을 풀어 알려 주고 있습니다.

죽은 자가 어떻게 부활하는가

그러나 "죽은 사람이 어떻게 살아나며, 그들은 어떤 몸으로 옵니까?" 하고 묻는 사람이 있을 것입니다. **15:35, 새번역**

우리 겨레에게는 몸에 얽힌 한이 많습니다.

일본군에 끌려가 욕을 당했던 당시 16, 17세의 꽃다운 소녀였던 위안부 할머니들, 원폭 피해를 받아 평생 장애를 가진 할아버지들, 독립군으로 목숨 바친 분들, 해방공간과 전쟁터에서 부상을 입어 평생 장애자로 아픔을 겪은 분들, 민주주의를 지키려다 총에 맞아 죽은 분들이 있습니다. 또한 산업 현장에서 사고로 비명에 간 청년들, 교통사고로 평생 장애인이 된 분들, 고층에서 뛰어내려 스스로 목숨을 끊은 숱한 정신질환 청소년들, 끔찍한 화재로 목숨을 잃은 분들의 다 소각된 몸이 어떻게 다시 살아나는가, 같은 질문입니다.

바울은 이런 질문을 "어리석다"고 책망합니다. 아이큐가 낮아서 바보라는 말이 아닙니다. 하나님의 존재와 속성에 대한 영적 무지로, 전능하신 하나님을 모욕한다고 꾸짖는 것입니다. 믿는 자의 몸이 새로운 형태의 몸으로 다시 살아나는 새 창조는 절대 권능자 하나님이 행하시는 역사이기 때문에 가능합니다. 우리 주님이 말씀하십니다. "할 수 있거든이 무슨 말이냐 믿는 자에게는 능히 하지 못할 일이 없느니라"(막 9:23).

어리석은 사람이여! 그대가 뿌리는 씨는 죽지 않고서는 살아나지 못합니다. **15:36, 새번역**

죽어야 산다

죽은 몸이 다시 살아난다고 주장하면 정신착란이라고 말할 것입니다. 바울은 "죽으면 그뿐!"이라는 주장이 죽음과 생명의 원리를 모르는 말이라고 지적합니다. 씨앗은 죽음을 통해 움트고 열매 맺는 식물로 살아납니다. 하나님의 창조세계에서는 하나의 생명체가 죽음을 통해 두 가지 존재 형태를 지닐 수 있는 법입니다.[18]

죽으면 씨앗이 살아나듯, 사람의 몸도 죽어야 다시 살아납니다. 부활의 새 몸은 옛 몸과 연속성 및 불연속성을 동시에 지니고 있습니다. '나'는 죽어 부활해도 '나'라는 점에서는 같지만, 부활의 몸은 태어나면서 얻은 자연적인 몸과는 전혀 다른 차원의 몸입니다. 죽음은 분명 저주이나 신자들에게는 영생으로 가는 축복의 문도 됩니다. 그래서 복음 신앙은 역설적 진리를 포함합니다. "성도의 죽는 것을 여호와께서 귀중히 보시는도다"(시 116:15).

본회퍼가 나치 정권의 교수형을 받기 직전에 이렇게 고백했다고 합니다. "이것은 끝이다. 하지만 내게는 생명의 시작이다." 육체적, 정신적 질병과 노화로 고통 받는 환자에게 죽음은 마지막 발버둥이 아니라, 더 이상

---

18   폴 비슬리 머레이, 《부활》, (정옥배 옮김, IVP, 2004), 191.

고통 없는 절대 평화의 안식처로 들어가는 문턱입니다. 그렇다면 우리가 장차 가질 부활의 몸은 지금의 몸과 어떻게 다른 형태로 변할까요?

씨마다 다른 모습으로

그리고 그대가 뿌리는 것은 장차 생겨날 몸 그 자체가 아닙니다. 밀이든지 그 밖에 어떤 곡식이든지, 다만 씨앗을 뿌리는 것입니다. 그러나 하나님께서는, 원하시는 대로, 그 씨앗에 몸을 주시고, 그 하나 하나의 씨앗에 각기 고유한 몸을 주십니다. **15:37-38, 새번역**

씨앗은 죽음과 소멸의 과정을 통해 새로운 생명으로 태어납니다. 옥수수 씨 한 알을 심으면, 심긴 그 씨알이 본래의 모습 그대로 다시 살아나는 게 아닙니다. 싹이 돋고 줄기와 잎이 자란 후, 옥수수 열매가 순서에 따라 탐스럽게 맺힐 것입니다. 죽고 다시 살아난 생명체는 본래의 씨앗과 사뭇 다른 형체를 지닙니다.

본문에서 "하나님께서는, 원하시는 대로"("하나님이 그 뜻대로", 개역개정)에 주목하십시오. 아주 중요합니다. 이런 현상은 하나님의 섭리와 창조 능력으로 이루어집니다.

육의 몸과 부활의 몸은 생명체로서의 연속성이 있으나,
부활의 몸은 질적으로 전혀 새롭고 서로 다를 것입니다.
창조주는 몸에 사람이라는 보편성, 각기 다른 모습이라는
개성과 다양성을 동시에 부여하는 최고의 예술가이십니다.
그래서 우리는 사람과 자연을 보며 그 아름다움에
매료됩니다. 부활의 몸도 다양할 것입니다.

> 모든 살이 똑같은 살은 아닙니다. 사람의 살도 있고,
> 짐승의 살도 있고, 새의 살도 있고, 물고기의 살도
> 있습니다. 하늘에 속한 몸도 있고, 땅에 속한 몸도
> 있습니다. 하늘에 속한 몸들의 영광과 땅에 속한 몸들의
> 영광이 저마다 다릅니다. 해의 영광이 다르고, 달의 영광이
> 다르고, 별들의 영광이 다릅니다. 별마다 영광이 다릅니다.
>
> **15:39-41, 새번역**

하늘에 최적화된 몸으로

같은 사람의 몸이지만, 죽을 때의 몸과 주님
오심으로 부활하는 몸은 그 본질이 다릅니다.

죽은 자의 부활도 그와 같으니 썩을 것으로 심고
썩지 아니할 것으로 다시 살아나며 욕된 것으로 심고
영광스러운 것으로 다시 살아나며 약한 것으로 심고 강한
것으로 다시 살아나며 육의 몸으로 심고 신령한 몸으로
다시 살아나나니 육의 몸이 있은즉 또 영의 몸도 있느니라

15:42-44

본문에 "심다", "살아난다"는 말이 반복되며
크레센도로 올라가면서 울려 퍼집니다. 소리 내어 한번
읽어 보십시오. 인간이 쓴 글 중에서 역사를 통틀어 가장
아름답고 장엄한 시 중 하나일 것입니다. 부활한 새 몸의
특성이 생생하게 옛 몸과 대조되고 있습니다.

썩을 것으로 심고, 썩지 아니할 것으로 다시 살며
옛 몸과 새 몸의 가장 두드러진 차이점이 '썩음'과
'썩지 아니함'입니다. 부활의 몸은 썩어짐이라는 옛 몸이
지닌 물리적 부패성이 더 이상 존재하지 않습니다. 육체
불멸의 새 시대가 열립니다.

욕된 것으로 심고 영광스러운 것으로 다시 살며
서럽게도 나이 들면서 몸이 쪼그라들고 피부에

저승꽃이 피고 질병으로 흉해집니다. 살면서 죄짓고
상처받으며 마음도 진물 나며 천한 모습이 됩니다. 하지만
부활하는 몸은 영광스럽고 광채 나고 밝은 모습입니다.

약한 것으로 심고 강한 것으로 다시 살며

몸이 약해 하고 싶은 일도 못하던 우리 몸이
부활하는 날, 강한 몸으로 완벽한 건강을 누리며 다시 살
것입니다. 위로와 소망의 메시지입니다.

자연적인 몸으로 심는데 신령한 몸으로

자연인으로서 우리 육의 몸은 죽지만, 예수 믿고
거듭난 성도의 몸은 마지막에 초자연적인 영의 몸[신령한
몸, a spiritual body]으로 홀연히 변화됩니다. '영의 몸'은 마치
저 멀리 하늘의 별들과 같이 반짝이는 어떤 유령 같은
존재라는 말이 아닙니다. 그리스도께서 부활하셨을 때의
몸처럼 다른 차원의 몸입니다. 부활하신 주의 몸이 바로
영의 몸을 아는 데 힌트를 줍니다. 자연인은 이 땅에서
몸과 영이 따로 놀아 내면의 갈등이 컸지만, 신령한 몸은
예수님처럼 영과 몸이 완전 융합하여 일치하게 됩니다.

"신령한 몸" 또는 "영의 몸"(개역개정)은 지상에서 정과
욕을 십자가에 못 박고, 간절히 구해도 그리 쉽지 않았던

우리가, 기도하지 않아도 성령 충만이 우리의 일상이 되는
체질로 변하는 것입니다. 감격스러운 소망입니다.

첫 아담의 몸 vs. 마지막 아담의 몸

바울은 앞서, 생명 원리로 설명해 오던 부활체에
대한 진리를 이제는 역사적 차원으로 풀어 가르쳐 줍니다.

성경에 "첫 사람 아담은 산 영이 되었다"고 기록한 바와
같이, 마지막 아담은 생명을 주시는 영이 되셨습니다.
그러나 신령한 것이 먼저가 아닙니다. 자연적인 것이
먼저요, 그 다음이 신령한 것입니다. 첫 사람은 땅에서
났으므로 흙으로 되어 있지만, 둘째 사람은 하늘에서
났습니다. 흙으로 빚은 그 사람과 같이, 흙으로 되어 있는
사람들이 그러하고, 하늘에 속한 그분과 같이, 하늘에 속한
사람들이 그러합니다. **15:45-48, 새번역**

본문이 어렵게 느껴지지만, 창세기 1-3장을
공부한 분에게는 이해가 어렵지 않을 것입니다. 현 인류는
첫 사람 아담의 후손들입니다. 성경 기록대로, 아담은

하나님이 흙을 빚어 몸을 만드시고 그 속에 생기를 불어넣으심으로 '생령', 곧 생명체(a living creature, ESV)가 되었습니다(창 2:7). 범죄한 아담에게 내리신 하나님의 심판 선고가 무엇입니까? "너는 흙이니 흙으로 돌아갈 것이니라"(창 3:19). 죽음입니다. 우리도 흙에 속한 조상인 아담의 유전자를 지니고 있어서, 태어날 때부터 죽음의 종착역을 향해 달려가는 몸입니다. 구원의 하나님은 "생명을 주시는 영"이신 예수 그리스도로 말미암아 생명의 새 역사를 시작하셨습니다(롬 8:9-11). 그리스도는 우리 죽을 몸에 "생명을 주시는 영"인 성령으로 내주하심으로 이루어지는, 믿을 수 없을 만큼 놀라운 반전 드라마입니다.

그리스도는 마지막 아담으로 하늘에 속한 새 인류의 조상입니다. 그리스도의 재림 때에 우리 몸은 "하늘에 속한 사람들"로서 홀연히 변화됩니다. 육의 몸이 땅에 최적화된 몸이라면, 영의 몸은 "성령"으로 살아나서 하늘에 최적화된 새 몸입니다. 역사를 통해 적지 않은 사람들이, 부활 때 입는 "영의 몸" 또는 "신령한 몸"을 영으로만 잘못 영해(spiritualizing)했습니다. 초대교회 교부들과 신조들이 이런 위험을 막기 위해 "몸의 부활을 믿습니다"라고 강조한 것입니다(사도신경). 그리스도께서 자연법칙을 어기며 지구의 인력을 거슬러 하늘로 올라가신 그 몸은 하늘에 최적화된 영의 몸입니다. 우리도 주님 다시 오시면 똑같은 영의 몸을 입을 것입니다. 그러므로 부활의 복음은 경이로운 소망을 줍니다.[19]

바울은 빌립보 교인들에게도 말했습니다.

> 우리의 시민권은 하늘에 있습니다. 그곳으로부터 우리는 구주로 오실 주 예수 그리스도를 기다리고 있습니다. 그분은 만물을 복종시킬 수 있는 권능으로, 우리의 비천한 몸을 변화시키셔서, 자기의 영광스러운 몸과 같은 모습이 되게 하실 것입니다. **빌 3:20-21, 새번역**

궁극 희망

이 단락의 결론으로 바울은 개인의 최후, 곧 종말론적 희망의 문 안으로 우리를 안내합니다.

흙으로 빚은 그 사람의 형상을 우리가 입은 것과 같이, 우리는

---

19   C. K. Barrett, *A Commentary on the First Epistle to the Corinthians*, (Adam & Charles Black, 1968), 372.

또한 하늘에 속한 그분의 형상을 입을 것입니다. **15:49, 새번역**

바울은 후에 고린도후서 5장에서도 "벗다"와
"입다"라는 동사를 동원해서 설명합니다. 옛 아담과 그
후손의 흙에 속한 몸이 죽음을 통해 홀랑 벗은 알몸으로
썩을 것과, 새 아담 그리스도를 믿는 그의 자손들이 그의
재림으로 홀연히 그리스도의 형상으로 부활의 몸을 입는
현상을 그림처럼 보여 줍니다.

그러나 잊지 마십시오. 그리스도 안에서 변화된
부활의 몸을 입게 된 새 인류는 하늘로 올라가서 영생하는
것이 아닙니다. 현재 하늘 위에 거하시는 그리스도(골 3:1-4)
는 승천하시던 그 모습대로 다시 오셔서 새 하늘과 새 땅, 곧
새로운 천지와 새로운 인류를 창조하실 것입니다(행 1:11).
그 인류는 더 이상 죄 가운데 지저분하게 방황하지 않으며,
거룩하고 아름다운 주의 형상을 본받은 전혀 새로운
사람들로 변화될 것입니다. 하나님의 우리를 향한 궁극
희망이 성취될 것입니다. '

하나님이 미리 아신 자들을 또한 그 아들의 형상을 본받게
하기 위하여 미리 정하셨으니 이는 그로 많은 형제 중에서
맏아들이 되게 하려 하심이라 **롬 8:29**

인생의 목표는 천국에서 영생복락하는 게 아닙니다. 그리스도의 형상을 본받는 사람이 되는 것입니다. 그리스도를 닮은 모습으로 영원히 하나님과 사랑으로 교제하는 것입니다. 이 최종 목표를 이루기 위해 하나님은 이 땅에서도 우리를 성령으로 조금씩 성화시켜 영광에 이르게 하고 계십니다(고후 3:18). 장차 주께서 다시 오실 때 우리가 홀연히 그와 같이 되어, 주의 참 얼굴, 찬란한 주의 영광을 보게 될 것입니다(요 17:24; 요일 3:2). 이것이 하나님의 충만이요, 성도가 함께하는 천국 잔치입니다.

이때 우리는 죄의 인력과 죽음의 그늘에서 벗어나, 자유롭고 영광스러운 주님의 형상을 입게 될 것입니다. 창세 전부터 우리 각자를 향해 품고 계셨던 하나님의 절대 불변의 목적이 끝내 이루어지고야 맙니다(엡 1:4).

창조주가 당신의 궁극 계획을 다 성취하시는 삼위일체 하나님의 자기 실현, 자기 성취의 순간에 당신의 자녀들에게도 진정한 자기 실현, 찬란한 자아 성취를 은혜의 선물로 주십니다.[20] 이 소망을 간직한 사람은 더 이상 인간의 한계 상황이나 세상의 변화무상함에

---

20   위르겐 몰트만, 《오시는 하나님》, (김균진 옮김, 대한기독교서회, 2017), 546-557.

좌절하거나 절망하지 않습니다. 우리는 모두 아래로부터
약하고 비천한 몸을 입고 태어난 가여운 존재들입니다.
그러나 이제, 부활을 바라는 우리야말로 위로부터 내려오는
부활의 몸을 덧입을 존귀한 존재입니다.

부활의 주님은 우리를 아름다운 부활의 몸으로
살려 내시는 생명의 주이십니다. 어찌 우리 주님을
찬양하지 않겠습니까. 할렐루야!

하나님과 나

—— 내 삶의 족적에 예수님을 닮은 흔적이 있나요?

—— 나의 외모나 육신의 약함으로 인해 고통받거나 한계를 경험한
적이 있나요?

그리고 우리

—— 부활의 몸은 어떤 소망을 주나요?

—— 신앙과 인생이 변화되어야 할 방향에 대해 나누어 봅시다.

8.

그날

50 형제자매 여러분, 내가 말하려는 것은 이것입니다. 살과 피는 하나님 나라를 유산으로 받을 수 없고, 썩을 것은 썩지 않을 것을 유산으로 받지 못합니다. **51** 보십시오, 내가 여러분에게 비밀을 하나 말씀드리겠습니다. 우리가 다 잠들 것이 아니라, 다 변화할 터인데, **52** 마지막 나팔이 울릴 때에, 눈 깜박할 사이에, 홀연히 그렇게 될 것입니다. 나팔소리가 나면, 죽은 사람은 썩어 없어지지 않을 몸으로 살아나고, 우리는 변화할 것입니다. **53** 썩을 몸이 썩지 않을 것을 입어야 하고, 죽을 몸이 죽지 않을 것을 입어야 합니다. **54** 썩을 이 몸이 썩지 않을 것을 입고, 죽을 이 몸이 죽지 않을 것을 입을 그 때에, 이렇게 기록한 성경 말씀이 이루어질 것입니다. "죽음을 삼키고서, 승리를 얻었다." **55** "죽음아, 너의 승

리가 어디에 있느냐? 죽음아, 너의 독침이 어디에 있느냐?" 56 죽음의

독침은 죄요, 죄의 권세는 율법입니다. 57 그러나 우리 주 예수 그리스

도를 통하여 우리에게 승리를 주시는 하나님께 우리는 감사를 드립니다.

15:50-57, 새번역

마지막 나팔이 울릴 때에, 눈 깜박할 사이에, 홀연히
그렇게 될 것입니다. 나팔소리가 나면, 죽은 사람은 썩어
없어지지 않을 몸으로 살아나고, 우리는 변화할 것입니다.

15:52, 새번역

"마지막 나팔이 울릴 때에", 우리 주님이 다시 오시는 그
날입니다. 재림을 원어로 파루시아(παρουσία, parousia)라고
하는데, '함께하기 위해 오심'이란 뜻입니다. 멀리 떨어져
있는 연인들이 다시 만나는 감격을 상상해 보십시오.
그날이 오면, 하늘에 계신 우리 주님이 땅에 있는 우리와
함께하시기 위해 강림하십니다(고전 15:23; 벧후 1:16).
그리스도께서 다시 오시는 그날, 세상을 심판하시며 악과
사망의 권세를 박살 내시고 승리하십니다. 그리스도의
승리는 또한 믿음으로 그와 연합된 그리스도인의
승리이기도 합니다. 그리고 영원히 우리를 떠나지
않으시며 함께하십니다. 오늘 말씀은 아직 한 번도 경험해
보지 못한 세계를 알려 주므로 이해가 쉽지는 않지만, 세상
살면서 지치고 시달린 우리에게 큰 위로와 소망을 주는
약속의 말씀입니다.

그리스도의 재림

재림의 징조들

그리스도의 재림 시기에 관한 말씀을 정리하자면 첫째, 하나님만이 아시며(마 24:36) 둘째, 하나님이 정하신 때에(딤전 6:15) 셋째, 기대하지 않은 때에 도둑처럼 오신다는 것입니다(계 16:15).

고맙게도 예수님은 제자들에게 재림의 징조를 알려 주셨습니다(마 24장).

- 지진과 기근, 민족과 국가 간의 전쟁이 빈번하게 일어난다.

- 적그리스도, 거짓 선지자들이 믿는 자들을 미혹한다.

- 인간관계에서 서로 증오하며 혐오하게 된다.

- 절제 없는 음식, 섹스 등 도덕허무주의, 쾌락주의에 빠진다.

- 불법이 성해져서 사랑이 식는다.

- 많은 사람들이 배교로 하나님을 떠난다.

- 복음이 모든 민족에게 전파된다.

- 이스라엘 민족이 회복된다.

- 창세 이후 유례가 없는 큰 환난이 닥친다.

바울은 말세에 고통하는 때의 특징을 알려

주었습니다.

> 사람들은 자기를 사랑하며, 돈을 사랑하며, 뽐내며,
> 교만하며, 하나님을 모독하며, 부모에게 순종하지
> 아니하며, 감사할 줄 모르며 … 하나님보다 쾌락을 더
> 사랑하며 **딤후 3:2, 4 새번역**

"하나님을 사랑하라, 이웃을 자기 몸같이 사랑하라"는 하나님의 대강령을 자기 사랑, 돈 사랑, 쾌락 사랑으로 뒤집는 반역행위가 극에 달합니다. 위의 징조들만 보더라도 주의 재림이 가까이 왔음을 느끼게 됩니다.

주의 재림으로 일어날 일들

죽은 자와 산 자의 홀연한 변화

이것은 신비에 속합니다. 성경의 '비밀'(mystery)은 사람이 아무리 머리를 짜내도 알 수 없는 진리를 하나님이 비전으로 보여 주시거나, 말씀으로 들려주시는 계시를 가리킵니다. 본문에서 바울은 종말에 대한 계시를 고린도 성도들에게 알려 주고 있습니다. 재림 나팔 소리가 온

우주에 퍼지면, 이미 죽은 사람의 시신이나 생존 성도의
몸이 모두 다 영의 몸으로 변화합니다. 영원과 시간의
동기화로 몸이 눈 깜짝할 사이에 다시 살아납니다.

하늘살이에 알맞은 부활체

썩을 몸이 썩지 않을 것을 입어야 하고, 죽을 몸이 죽지
않을 것을 입어야 합니다.　**15:53, 새번역**

부활의 몸은 지상의 몸이 업그레이드된 것이
아닙니다. 몸의 재료와 성분, 구성이 전혀 다른 몸입니다.
지상의 몸이 지구 생태 환경에 살도록 최적화되었다면,
부활의 몸은 하나님 나라 환경에 딱 맞는 전혀 새로운
차원의 몸입니다. 새 몸은 "의가 거하는" 새 하늘과 새 땅에
영원히 살 수 있도록 변화된 신령한 몸입니다(벧후 3:13).

하나님 나라 삶은 어떠할까요?

물리학이나 생명 과학으로는 설명하기 힘들지만,
요한은 하나님의 계시로 몇 가지 힌트를 줍니다.

- 이전의 하늘과 땅이 사라지고 전혀 다른 새 환경, 곧 새 하늘과 새 땅에서 새로워진 만물을 즐기며 삽니다(계 21:1).

- 전에 대면해서 눈으로 볼 수 없었지만, 이제 하나님의 임재 앞에서 영원토록 그의 영광을 보게 됩니다(계 21:3).

- 더 이상 눈물도 슬픔도 부르짖음도 고통도 없는 전혀 새로운 마음, 변화된 심성을 갖게 됩니다(계 21:4).

- 더 이상 생존만을 위해 노예처럼 일하지 않습니다(계 21:4). 창조적이고 즐거운 일, 무엇보다 안식을 누립니다.

- 더 이상 겉사람과 속사람의 자기 분열로 갈등하지 않고, 죄의식, 죄책감, 죄의 유혹에서 자유로워집니다. 건강하고 통일된 순전한 인격(the whole person)으로 변합니다.

그날이 오면, "우리 몸은 주를 위하여, 주는 몸을 위하는" 영광스러운 연합이 이루어집니다(고전 6:13). 주의 몸 안에서 사망이 패배했으므로, 주 안에 있는 성도의 몸을 사망 권세가 건드릴 수 없습니다. 우리 몸이 죽어 사라지는 일은 없을 터이고, 벗은 채 발견되는 일도 없습니다.[21] 재림의 그날이 오면, 우리 몸의 가치가 극대화됩니다.

---

21   N.T. Wright, *The Resurrection of the Son of God*, (Fortress Press, 2003), 357-358.

죽음아, 네 독침이 어디 있느냐?

썩을 이 몸이 썩지 않을 것을 입고, 죽을 이 몸이
죽지 않을 것을 입을 그때에 이렇게 기록한 성경 말씀이
이루어질 것입니다.

"죽음을 삼키고서, 승리를 얻었다." 죽음아, 너의 승리가
어디에 있느냐? 죽음아, 너의 독침이 어디에 있느냐?
15:54하-55, 새번역

논문 쓰는 학자의 가냘픈 펜을 내던지고, 의분에
잡힌 혁명가가 격문을 쓰기 위해 자기 키보다 큰 붓을
양손으로 집어 들고 일필휘지하는 바울의 모습이
연상됩니다. 주먹 들고 목청껏 외치는 함성으로 들립니다.
어떻게 이처럼 문체가 바뀔 수 있을까요? 그간 우리를
노예처럼 질질 끌고 다녔던 마지막 원수, 사망 권세를 향해
"철장으로 질그릇 부수듯"(시 2:9) 울분을 터뜨리고 있습니다.
사람은 각자의 경험에 따라 죽음을 대하는
태도가 달라집니다. 정상적인 사람은 죽음을 두려워하고
혐오합니다. 그래서 무관심하려 애쓰고, 언급하길
꺼립니다. 가족의 죽음도, 주검도 병원과 상조회사에

맡겨 버립니다.

죽음이야말로 인류 최후의 원수, 잔혹한 권세였습니다. 전쟁터에 안 가려고 청년들은 국경을 탈출하고, 굶어 죽지 않으려고 아이들도 이민 가는 배에 몸을 싣습니다. 지진과 폭염을 피하려고 난민이 됩니다. 사람은 질병, 노화, 사고로 생명을 잃는 사망을 극복할 수 없습니다. 가슴 아픈 일은 스스로 죽음을 택하는 자가 해가 갈수록 많아진다는 뉴스입니다. 경쟁사회에서 패배한 청년들이 우울증에 걸려서 또는 노인 빈곤과 질병으로, 대한민국 하루 평균 42명이 자살합니다(통계청, 2024년). 인류는 사망 권세에 질질 끌려가다 죽어 나가는 포로들입니다.

그날이 오면 역사의 대반전이 생깁니다. 다시 오신 주께서 사망을 향해 치명타를 날리십니다. 천사장의 나팔 소리와 함께 구름 타고 오신 우리 주님이 죽음을 죽이시고 완전 정복하십니다. 우리는 더 이상 독감에 걸리거나 낡아 쭈글쭈글하지 않는 강한 몸, 영화로운 몸으로 하나님 앞에 서게 됩니다. 바울은 사망 권세를 향해 깔깔 웃으며 조롱하듯 외치고 있습니다.

죽음의 문제를 해결하신 그리스도의 인류 구속의 드라마는 구약 몇 구절이 아니라, 성경 전체를 통해 상징이나 예표, 갖가지 사건으로 보여 줍니다. "죽음을 삼킨다"는 말은 통쾌한 표현입니다. 야수들이 사냥한 짐승을 통째 삼키면 "게임 끝!"이란 말입니다. 상황 끝! 할렐루야!

사망 권세 박살 낸 그리스도

바울은 부활의 승리를 노래하는 시인인 듯싶더니, 본문에서는 본래 자리로 돌아와 심오한 진리에 사로잡힌 신학자의 면모를 보입니다.

죽음의 독침은 죄요, 죄의 권세는 율법입니다. **15:56, 새번역**

이해하기 쉽지 않은 말씀입니다. 죄와 율법과 죽음 사이의 상호 연관 및 인과 관계가 수학 공식으로 도식화할 수 없이 엉겅퀴처럼 얽혀 있는 것 같습니다. 바울은 이 문제를 로마서 5-8장에서 상세하게 설명합니다. "죄의 삯으로 죽는다. 또한 율법은 정죄 기능이 있다"는 교리를 논증합니다. 그러나 실존적으로 이 세 가지(죽음, 죄, 율법) 인간의 철천지원수들이 어떻게 한 팀으로 인류를 절망의

나락에 빠뜨리는가 하는 교리를 논리로 이해하려기보다,
인류를 죽이는 세 형태의 원수를 그냥 받아들이는 것이
낫다고 생각합니다.

주의 승리, 우리의 승리

우리 주 예수 그리스도로 말미암아 승리를 주시는
하나님께 감사하노니 **15:57**

바울은 장기전으로 지긋지긋하게 오래 끌던
전쟁에서 마침내 원수를 정복한 개선장군같이 "왔노라!
싸웠노라! 이겼노라!" 환호하며 축제의 잔을 높이 들고
있습니다.

"우리도 승리한 주님의 군사야!"라고 고백할 수
있을까요? 늘 넘어지는 우리에게는 과장된 말로 들립니다.
그러므로 먼저 정직하게 나의 현실을 주께 고백하고,
우리도 믿음으로 그리스도에 속한 자이므로, 승리의
함성을 함께 외칠 수 있도록 성령께서 도와주시길
기도해야겠습니다.

우리는 이 세상을 승리의 확신을 가지고 살기보다
의기소침하기 쉽습니다. 완벽주의 사고의 틀에 자기를

가두어 놓고 늘 부족한 점을 탓하며 학대할 수도 있습니다. 그런가 하면 "이 세상 험하고 나는 육신이 약해서" 패배자의 동굴 속에서 은둔하는 자도 있습니다. 전쟁이 끝난 줄 모르고, 적군을 피해 동남아 정글에서 뱀을 잡아먹으며 수십 년을 숨어 지낸 군인이 있었지 않습니까.

내가 이겨서가 아니라, 우리 군대가 승리했으면 나도 승리자입니다. 이것이 연대(solidarity)의 원리입니다. 그리스도인은 예외 없이, 작은 일에 가끔 실패해도 주께서 죄와 사망, 사탄의 권세를 이기셨기 때문에 그에게 속한 자로서 덩달아 승리한 그리스도의 군병입니다.

승리주의의 위험

여기서 주의할 마음의 태도가 있습니다. '승리주의' (triumphalism)라는 위험한 신앙 행태가 유행한 적이 있고, 아직도 그 범주에 속하는 자들이 있습니다. 그들은 주장합니다. 왜 십자가 앞에서 질질 짜느냐? 이미 주님이 부활하셨으니 우리도 잔치의 기쁨을 '지금, 여기서' 누려야 하지 않느냐, 하며 구약의 축제 신학을 강조합니다. 고난을 겪거나 질병에 고통하는 자는 믿음이 부족해서 "우리 약함과 질병을 짊어지신" 그리스도의 축복을 받지 못했기 때문이라고 남을 판단하고 정죄합니다.

현재 믿는 우리가 '이미' 승리자가 된 것은
맞지만, '아직' 하나님 나라가 완성된 것은 아닙니다. 계속
전진하며 아직도 싸우며 나아가고 있습니다. 그러므로
장차 이루어질 승리를 앞당겨 미리 '선구적으로' 맛보고
있습니다. 본격적으로 완성된 하나님 나라 잔치를
만끽하는 것은 시기상조입니다. 유감스럽지만 조금 참고
기다리면 주님이 다시 오시는 그날, 빠빠밤 팡파르 울리며
하나님 나라의 본 향연이 막을 열 것입니다.

"예수 믿고 잘살자, 성공하고 복받자"는 주장이
비성경적이라고만 할 수 없습니다. 성경에 나오는 복의
약속이기도 합니다. 그러나 주님과 이웃을 위한 자발적
가난과 희생을 강조하는 말씀과 충돌할 때, 균형을 잃기
쉽습니다. 하나님 나라의 '이미'와 '아직'의 긴장 관계를
모르거나, 자기를 위해 균형추를 '이미' 쪽으로 옮겨 놓고,
'아직'은 제쳐 놓으면서 자기를 속일 수 있습니다. 기독교
역사에서 이단보다 더 믿는 자들에게 상처 주고, 교회에
폐해를 끼친 것이 '균형 잃은 교훈'이었습니다. 이것이
'다른 복음'일 수 있습니다. 섬기는 종으로 자기 몸을
희생제물로 바치신 예수의 제자도가 없이, '믿음-성공,
복-부자'는 종교 비즈니스맨이나 기복신앙에 빠진 자들의
공허한 주문입니다. 그래서 신자들 가운데서도 점집을

다니는 자가 적지 않습니다. 주님의 제자라면서 세상
즐거움을 합리화하는 졸부신앙에 타협할 위험이
큽니다. 그렇다고 쉼과 오락, 즐거움 등의 인간다움을
버리고 금욕주의자나 율법주의자로 살라는 말은
아닙니다. 사람이니까 사람답게 살아야 하겠지요. 다만,
그리스도인으로서의 타임 센스를 가져야 한다는 말입니다.

> 우리가 하나님의 나라에 들어가려면 많은 환난을 겪어야
> 할 것이라 하고 **행 14:22하**

하나님 나라의 완성

형제자매 여러분, 내가 말하려는 것은 이것입니다. 살과
피는 하나님 나라를 유산으로 받을 수 없고, 썩을 것은
썩지 않을 것을 유산으로 받지 못합니다. **15:50, 새번역**

하나님의 궁극 목적

그날이 오면, 하나님의 마지막 목적이 이루어집니다.
주님이 다시 오시면, "그 날에 하늘은 요란한 소리를 내면서
사라지고, 원소들은 불에 녹아버리고"(벧후 3:10), 만물이

새로워집니다(계 21:5). "하늘에 있는 것이나 땅에 있는 것이 다 그리스도 안에서 통일되게 하려 하심이라"(엡 1:10)는 하나님의 최종 계획이 마침내 완성됩니다.

죄, 법, 죽음, 썩음이 사라지고, 오직 거룩, 의, 영생이 거하며(벧후 3:13), "썩지 않고 더럽지 않고 쇠하지 않는, 하늘에 간직"한 나라가 완성됩니다(벧전 1:4).

그리스도는 심판주로서, 끝까지 하나님을 거역하는 악인, 불신자, 도덕적으로 썩은 자들을 "불과 유황으로 타는 못에 던져"(계 21:8) 지옥의 형벌을 받게 하십니다. 더러운 모든 것을 제거하며, 추하고 사악한 것들을 일소하십니다. 우주의 영적, 도덕적 질서를 위해 주의 심판은 필연이요, 필수조건입니다.

하나님의 사랑이라면 지옥 형벌은 있을 수 없고, 최후엔 모두 구원받는다고 주장하는 보편구원론(universalism) 이 있습니다. 영생을 믿는 신자들 가운데서도 최후 심판과 지옥의 존재를 불신하는 자가 많습니다. 그러나 우리가 믿어져서 믿는 게 아닙니다. 거짓말 않는 예수님의 말씀이요, 성경 진리이기에 믿을 뿐입니다. 복음을 믿고, 복음에 합당한 삶을 살아온 하나님 자녀들은 마침내 천국 복락을 누립니다. 주님께서는 각 사람이 행한 대로 갚으실 것입니다(마 16:27). 주께서 천사들을 보내 택한 자녀들을 하늘 이 끝에서 저 끝까지 사방에서 모을 것입니다(마 24:31).
주님이 나타나시길 사모하는 모든 사람에게는 의의
면류관을 주십니다(딤후 4:8).

하나님 나라는 그리스도의 초림으로 겨자씨처럼
작게 시작했고(막 1:15), 꾸준히 자라 왔고, 재림하심으로
높이가 하늘에 닿고 땅끝에서도 볼 수 있을 만큼
커져(단 4:10-12), 우주에 편만해집니다. 그 나라는 하나님
영광만 찬란히 빛날 것이며, 오직 의와 평강과 희락이
깃들고(롬 14:17; 벧후 3:13), 온 세상 사람들이 먹고도 남을
만큼 생명나무 열매가 풍성합니다(계 22:2).

그날이 오면, 아들에게 위임했던 통치권을
돌려받으신 하나님은 "만유의 주재", 곧 모든 것의 모든
것이 되셔서 영원무궁토록 만유를 다스릴 것입니다(계
22:5). 이 영광스러운 하나님의 자기 성취는 우리의 마지막
희망과 맞닿아 있습니다.

하나님 자녀의 궁극 희망

그날에, 개인과 역사와 우주는 종말을 맞습니다.
우리는 하나님과 그리스도의 영광이 해처럼 빛나는
그곳에서 주의 형상으로 변화된 영화로운 몸으로, 영광의
광채 나는 주님의 얼굴을 뵈며, 영원토록 주님과 사랑의

교제를 나눌 것입니다(계 22:4-5).

바울은 반복, 강조합니다. 우리가 아무리 경건하게 살았다 해도, "혈과 육"(고전 15:50), 곧 육체적, 도덕적으로 썩어질 몸으로는 하나님 나라에 들어갈 수 없습니다. [22] 하나님 나라에 들어갈 자격은 거듭남입니다(벧전 1:3-4). 어린양의 피로 거룩해지고 부활 영생의 몸을 가진 성도입니다. 그날에 부활의 새 몸을 입은 하나님 백성들이 영영한 기쁨으로 천국 잔치에 참여해서 하나님을 찬양할 것입니다. 더 이상 돈 걱정, 건강 걱정, 자식 걱정, 일 걱정, 교회 걱정, 나라 걱정, 전쟁 걱정, 기후 걱정 하지 않습니다.

지상에서 눈물과 겸손으로 주를 섬긴 복음의 증인들은 주의 개선잔치에 참여하며 의의 면류관을 쓰고 주의 "칭찬과 영광과 존귀"를 얻을 것입니다(벧전 1:7). 이 땅에서 사람들에게 무시당하고 억울한 일을 참아 내며, 가난과 고독, 슬픔과 병약함, 조롱과 핍박, 실패와 좌절의 쓴 잔을 눈물과 함께 삼키면서, 주님 나라 위해 십자가의 고난에 동참한 자들의 눈물을 닦아 주실 것입니다. 그리고 품에 안아 주시고 진정한 위로와 안식을 주실 것입니다. 오, 주님!

---

22   J. A. 스케프, 《부활체의 본질》, (김종태 옮김, 기독교문서선교회, 1991), 307.

하나님의 궁극 계획도, 우리의 최후 소망도 하나님 나라입니다. 그러나 부활이 없는 하나님 나라는 없습니다. 하나님의 계획을 완성하시려, 주님은 우리 죄를 위하여 죽고 부활, 승천하셔서 하나님 나라를 세워 나가시다가 마침내 세상을 심판하러 다시 오십니다. 주님은 그간 세상을 지배하던 사망 권세를 정복 섬멸하심으로 최후 승리의 개가를 부르시며 하나님 나라를 완성하십니다.

그날, 부활하신 주께서 재림하시는 날 우리도 바울과 성도와 함께 소리 높여 그 나라에서 우리를 맞아 주실 주님의 신실하심을 믿고 온몸과 마음 다해, 영원히 우리를 살려 내신 주님께 찬양을 올립니다.

우리 주 예수 그리스도로 말미암아 우리에게 승리를 주시는 하나님께 감사하노니 **15:57**

하나님과 나

—— 신앙을 갖게 된 후 자신이 경험한 승리와 실패에 대해 생각해
봅시다.

—— 나의 삶의 목표와 성취가 본문에 제시된 하나님 나라의 완성에
얼마나 기여하고 있을까 묵상해 봅시다.

그리고 우리

—— 현대 사회가 겪는 고통의 근본적 치유를 위해 개인과 공동체가
해야 할 역할에 대해 나누어 봅시다.

—— 개인과 공동체가 하나님의 궁극 희망의 방향을 향해 나아가고
있는지 이야기해 봅시다.

9.

주의
일꾼

58 그러므로 나의 사랑하는 형제자매 여러분, 굳게 서서 흔들리지 말고, 주님의 일을 더욱 많이 하십시오. 여러분이 아는 대로, 여러분의 수고가 주님 안에서 헛되지 않습니다. **15:58, 새번역**

바울은 부활 신앙으로 하나님 나라를 희망하는 성도들에게 마지막으로 권고합니다. 사도바울 서신에서 "그러므로"는 매우 중요한 역할을 합니다. 주로 믿음에서 행동으로, 교리에서 윤리로 논지를 바꿀 때 사용하는 접속사입니다. 본문은 "장차 거기서" 몸의 부활과 하나님 나라를 상속할 우리가 "지금 여기서" 무엇 하다 갈까를 다룹니다. 그리스도의 초월성과 영원성을 강조하는 데서 그치지 않고, 그리스도의 내재성과 현재성을 강조함으로 절묘한 균형을 이루며 결론을 맺고 있습니다.[23]

"희망하는 자는 행동할 수 있다"(Wer hofft, kann handeln). 독일 대통령을 지낸 요하네스 라우가 남긴 말입니다.[24] 부모는 희망이 있기에 자녀 교육을 위해 고생을 마다하지 않습니다. 희망이 행동을 낳는다는 말입니다. 우리에겐 하나님 나라 희망이 있기에, 이 땅에서 해야 할 주의 일, 남겨진 고난이 있습니다(골 1:24-25).

---

23   스탠리 J. 그렌츠 & 로저 E. 올슨, 《20세기 신학》, (신재구 옮김, IVP, 1997), 496-502.

24   위르겐 몰트만, 《희망의 윤리》, (곽혜원 옮김, 대한기독교서회, 2017), 17.

내 사랑하는 형제자매들

바울은 "나의 사랑하는 형제자매"라고 하며,
고린도 성도와의 사랑을 확인하고 있습니다. 이렇게
부르는 바울의 눈에 이슬이 맺혔을 것입니다. 고린도라는
험한 도시에서 그래도 복음을 믿고 복음에 합당하게
살려고 애쓰는 성도들을 도우려는 목자의 사랑이
느껴집니다. 부활하신 예수께서 갈릴리 바닷가로 찾아와
베드로를 부르며 먼저 하신 것도 사랑의 관계성이었습니다
(요 21:15). 주의 일꾼은 사랑이 최고 가치임을 알고(고전 13:13),
사랑의 수고를 기쁘게 감당하는 사랑에 사로잡힌 자입니다.
주의 일이란 사람 사랑하는 일입니다(딛 3:4). 사랑은
성공과 실패를 두려워하지 않고, 사랑은 대가와 보상을
계산하지 않습니다.

뿌리 깊은 나무, 흔들리지 않아

바울은 거센 바람 휘몰아치는 도시 한복판에서
부활 신앙으로 버티는 성도에게 "견실하여 흔들리지 말라"
고 충고합니다.

참 어렵습니다. 밖의 휘몰아치는 바람도, 속에서 솟구치는 유혹의 간지러운 소리도 이겨 내기 쉽지 않습니다. 주의 일꾼이 성공 후 중심을 잃고 흔들리다가 넘어지는 가슴 아픈 소식을 자주 듣습니다. 성추문, 정치세력 편들기, 횡령이나 목사직 세습 등으로 흔들려 평생 쌓아 온 이름과 사역에 먹칠하는 자들이 적지 않습니다. 순수했던 날, 그들을 존경하며 따르던 자들이 큰 충격과 슬픔, 신앙에 대한 회의에 빠지게 합니다. 다른 한편, 이름 없이 빛도 없이 주님의 길을 걷던 종이 평생 헌신했지만 알아주는 사람이 없고, 돈도 건강도 잃거나 섬기던 일이 실패하면 낙심해서 삶을 포기하려는 위험에 빠지기도 합니다. 주의 일에는 항상 시험이 따릅니다. 예수께서 성령의 인도에 따라 시험받고 성경 말씀으로 시험을 이기셨듯이, 우리도 성령의 인도 따라 말씀으로 생각하고 말씀으로 순종해야 시험을 이기고 중심을 지킬 수 있습니다.

주의 일꾼은 즐길 수 있고 기호에 맞는 일을 선택해서 하는 프리랜서 자영업자가 결코 아닙니다. 즐기는 일보다 해야 할 일을 하는 자요, 주의 일을 행하는 주의 일꾼입니다. 주께서 하시던 일을 이어받고, 바라시는 일을 순종하며 행하는 자들입니다.

또한 주의 일꾼은 주께서 인류, 우주, 역사의

주인으로서 이 땅에서 하셨던 일, 지금 하늘에서 하고 계신 일, 앞으로 행하실 일을 아는 것이 중요합니다. 주님이 위로부터 오는 하나님의 음성을 힘써 듣고 순종하셨으며, 이 땅에서는 복음으로 사람을 '살'리고, 복음에 합당한 삶을 살도록 사람을 '키'우고, 세상에 나가 복음 전하라고 '보'내신 일이 핵심 사역이었습니다. 이것이 하나님 나라를 이루는 예수님의 살·키·보 전략이었습니다. 그 일을 이루도록 당신의 몸 된 교회라는 신앙공동체를 세우신 것입니다. 일꾼은 먼저 주의 뜻을 알기 위해 성경을 넓고 깊이 공부하며 지혜의 성령께서 지금 여기서 내게 하게 하시는 일을 발견해야 합니다. 성경 통독이나 큐티 묵상 정도로는 부족합니다. 성경을 공부하고 연구할 필요가 있습니다. 일꾼에게는 역사의식에 기초한 시대감각, 지리의식에 근거한 상황인식, 미래를 내다보는 예견력이 필요한데, 성경말씀에 사로잡힐 때 가능한 지혜일 것입니다.

고린도의 상황과 달리, 우리의 현실은 정치경제적 진영 갈등이 치열합니다. 주님의 말씀입니다. "어느 나라든지 서로 갈라지면 망한다"(마 12:25). 좌파냐 우파냐 선을 긋고 내 진영에 속하지 않으면 적대시하는 시대정신에 교회가 속수무책으로 점령되고 있습니다.

큰일입니다. 주님은 세상의 좌우와 상하, 모든 것의 주님이십니다. 주의 일꾼은 좌우진영이 문제가 아니라, 공의와 사랑의 계명에 순종하느냐가 더 중요합니다. 우리의 사상은 상하에 더 관심을 기울여야 합니다. 하늘과 땅 상하로 들었다 숙였다, 끄덕끄덕하는 운동에 숙련돼야 합니다. 사도들을 흠모하는 이유입니다. 주의 일꾼의 평생소원과 간구하는 기도는 우리 주의 영광, 통치, 뜻이 이루어지는 하나님 나라입니다.

> 하늘에 계신 우리 아버지여 이름이 거룩히 여김을
> 받으시오며 나라가 임하시오며 뜻이 하늘에서 이루어진
> 것같이 땅에서도 이루어지이다 마 6:9-10

그러므로 주의 일꾼은 균형을 잃지 않고, 주기도에 합당한 일을 찾아야 합니다. 서로 싸우다가 망하는 길로 접어든 징조가 보이는 국가와 교회 공동체의 파수꾼, 예언자, 화해자, 균형추, 사랑과 진리로 하나 되는 일을 하는 하나님의 사람이 되어야 할 것입니다.

바울은 어린 일꾼 디모데에게 박사학위나 인간관계 기술을 취득해 담임목사 청빙을 위해 스펙을 쌓으라고 권하지 않습니다. 진리의 말씀을 옳게 분별하는

일에 전심전력하라고 권합니다(딤전 4:13-16; 딤후 2:15).
견고하며 요동하지 않는 신실한 신앙인격을 갖추라고
말합니다. 주의 일꾼은 다윗처럼 하나님의 마음에 합하며,
그의 눈초리 앞에서 사는 사람입니다(시 16편). 일꾼이 되기
전에 사람이 되어야 합니다. 주의 일꾼이 성숙해져서
분별력, 통찰력, 예견력을 갖추면, 일시적 손해나 오해를
무릅쓰고 바르고 지혜로운 선택을 할 수 있을 것입니다.
오랜 세월을 지켜보면, 똑똑하고 잘난 사람보다 우직할
만큼 삶의 원칙을 지키는 성숙한 사람이 신뢰와 인정을 더
받지 않습니까.

성숙한 일꾼은 그리스도 안에 뿌리를 깊이
박고 세움을 받으며(골 2:7), 동시에 신앙공동체에 속한
사람입니다(엡 4:14-16). 주의 일꾼에게는 한 사람이
미혹되어 진리의 길을 떠날 위기에 눈물로 기도하는
공동체(약 5:19-20), 사랑으로 진실을 말하고 책망해 주는
선배와 친구가 있는 공동체가 필요합니다(엡 4:15). 현대
교회가 거룩을 회복하기 위해 가장 긴급한 것이 징계
(discipline)입니다. 때로 공동체가 나를 간섭하는 게
싫어 떠나고 싶을 때도 있을 것입니다. 그러나 탕자의
자유는 결코 자유롭지 않습니다. 삶과 사역에 일관성을
지키는 신실성은 넘어졌다가 일어나는 오뚝이 정신으로

연단받으며 이루어지는 성품, 그리스도의 형상, 성령의
열매입니다. 아브라함이나 베드로가 좋은 예입니다.
그들은 실수가 많은 인물들이었으나, 끝까지 사랑하시고
포기하지 않는 하나님의 열심 때문에 신실한 사람으로
우뚝 서게 되었습니다. 이런 사실은 실수 많은 주의
일꾼에게 위로와 소망을 줍니다.

주의 일에 더욱

현대인들은 '주'란 말이 주는 심오한 의미를
간과하기 쉽습니다. 예수께서 "그리스도 주"로 오셨습니다
(눅 2:11). 예수는 부활, 승천하셔서 만왕의 왕이요 만주의
주로 등극하셨습니다. 톰 라이트는 예수님을 "매우 괴짜
왕"(A very odd sort of king)이라고 칭했는데, 십자가에서
저주받아 죽은 고난의 종이 부활, 승천하심으로 하나님
나라 통치자가 된 것은 인간의 상상으로는 불가능한
일입니다.[25]

---

25   N.T. Wright, *Simply Jesus*, (HarperCollins, 2011).

일꾼 예수 배우기

주의 일꾼은 먼저 복음서의 예수께서 일꾼으로서 보이신 모범을 배워야 할 것입니다. 모든 일은 견습생이 스승의 일하는 자세와 기술을 배워야 하는 이치와 같습니다. 제자들은 예수께서 두루 다니시며 약한 자와 병든 자를 고치시고, 회당에서 하나님 자녀의 천국 생활을 가르치시고 하나님 나라 복음을 선포하신 그 일을 흉내 내야 했습니다. 예수께서 하신 사마리아 여인에게 "물 좀 주시렵니까" 하고 편견 많은 사람을 무장해제시키는 법, 전도 대상에게 접근하는 방법, 태도, 상담 대화법, 핵심 메시지도 배우고, 또한 피곤, 목마름, 식사도 잊으신 열정 같은 것도 전수받았습니다. 주님께서 일을 시작하시며 기도하시는 모습, 무리에게서 떠나 다른 마을로 가서 전도 개척하시는 결단, 제자들을 뽑으면서 밤새워 기도하시고 함께 밥 먹고 삶을 나누며, 하나님 나라를 가르치신 제자 양성 전략과 방법 등도 익히게 됩니다. 사도행전의 베드로 사역은 영락없이 갈릴리 예수의 모습과 같습니다.

승천하신 주님은 현재도 부름받은 종과 복음 공동체, 곧 교회를 통해 일하고 계십니다. 그 일은 사람의 영혼을 구원하여 천국으로 올려 보내는 일이 아니라, 하나님 나라가 하늘에서 이루어진 것같이 땅에서도 이루어지게 하는 일입니다. 하나님 나라는 "성령 안에서 의와 화평과 희락"을 최고 가치로 삼으시기 때문에(롬 14:17), 개인이나 공동체는 내가 있는 곳에 하나님 나라가 임하도록, 가장 공의롭고 평화롭고 기쁨 넘치는 공동체로 만드는 과업에 매진하는 일꾼들입니다.

'주의 일'을 '세상 일'과 구분되는 영적인 일 또는 교회 일로 제한하는 경향이 있습니다. 아닙니다. 넓은 의미로 주님의 일이란 주님의 세계에서 주님 뜻을 섬기는 데 필요한 모든 일입니다. 중세 기독교회는 성직과 세속직을 나누어 성직의 우월성을 주장했습니다. 종교개혁 이후, 성도는 세상에서 하는 모든 일(물론 술 및 마약, 성매매 등의 범죄는 제외하고)이 하나님의 세계 경영에 필요한 일에 나를 불러 맡기시는 소명(vocation)이라고 고백합니다.

하나님 나라 복음운동

이 복음은 유대 사람을 비롯하여 그리스 사람에게 이르기까지, 모든 믿는 사람을 구원하는 하나님의 능력입니다. **롬 1:16하, 새번역**

이와 같이 주의 말씀이 힘이 있어 흥왕하여 세력을

얻으니라 **행 19:20**

하나님의 말씀은 살았고 운동력이 있어 **히 4:12, 개역한글**

부활의 복음 말씀을 존중하는 신앙공동체는 죽어
가는 사람과 세상을 살려 내는 복음운동으로 발전합니다.
가히 하나님 나라 혁명이라 부를 만한 운동입니다.
복음은 죄인을 회심하게 하고, 새 사람으로 성품과 삶을
변화시키며, 부패한 교회를 진리의 말씀으로 개혁하여
새 인류로 만듭니다. 세례 요한의 복음운동, 그리스도의
복음운동, 사도들의 복음운동이 그 증거입니다. 16세기
종교개혁, 18세기 부흥운동, 19, 20세기 세계선교운동
등 기독교 역사의 전환점은 모두 성령이 촉발한 복음
재발견과 복음 순종운동이었습니다. 복음은 공의와 사랑에
기초한 새 사회, 새 세상의 모델을 제시하고 변혁시킵니다.

주의 일을 더욱

"더욱 많이 하라"의 페리슈오(περισσεύω, perisseuein)는
'풍성하게 하라', '탁월하게 하라', '최선의 노력을 다하라'는
뜻입니다. 유진 피터슨은 이렇게 번역합니다. "주님의

일에 자기를 던지시오"(Throw yourselves into the work of the Master).
전임 사역자인 주의 일꾼은 교회나 선교단체를 운영하는
사업가가 아닙니다. 주의 양 떼들에게 복음 진리를 먹이는
자요, 말씀과 사랑으로 양 떼를 치는 목양의 소명자입니다.
엄마가 성장하고 건강하지 않고서는 아기를 먹이고 키울
수 없습니다. 그래서 바울은 주의 일꾼 디모데에게
"…전심전력하여 너의 성숙함을 모든 사람에게 나타나게
하라"(딤전 4:15)고 권합니다.

작은 교회, 평신도교회
바울은 작은 가정교회들을 축복합니다.

> 아굴라와 브리스가와 그 집에 있는 교회가 주 안에서
> 너희에게 간절히 문안하고 **고전 16:19하**

초대교회는 대부분 가정에서 출발했습니다.
성경을 가르칠 수 있는 성숙한 지도자와 뜻을 함께하는
서너 가정이면 출발할 수 있습니다. 큰 교회를 무조건
반대하는 것은 아니지만, 성인 200명 이상은 교회로서의
기능을 다하기 어렵다는 교회학자의 주장을 존중합니다.
사람의 키가 2미터 이상이면 거동이 힘들 듯, 지역교회의

교인 수도 제한을 두어야 한다는 입장입니다. 특히 목사 신뢰도가 바닥인 현실에서 평신도야말로 우정 전도에 유리한 위치에 있습니다.

교회에는 성도만 있고 평신도는 없다는 주장도 있지만, 편의상 통용되는 말 그대로 사용합니다. 평신도 일꾼은 자기 생업이 있으면서 개인 전도자, 소그룹 성경공부 인도자, 가정교회 섬김이, 일터 사역자들을 가리킵니다. 20세기 이후, 평신도 일꾼의 세계적 증가 추세는 건강한 흐름입니다.

평신도 가정교회는 또한 대형교회의 폐해를 줄이며 한국교회의 개혁을 위해 쓰임받는 대안 공동체가 될 수 있다고 믿습니다.[26] 평신도 주의 일꾼들은 전업 사역자들보다 무거운 부담을 집니다. 하지만 성도의 헌금으로 생활해야 하는 전임 사역자의 부담에서 자유롭다는 장점도 있습니다.

---

26   졸저, 《왜 나는 예수를 닮아가는가》, (홍성사, 2022), 163-168: 송인수,
        《평신도교회가 온다》, (잉클링즈, 2024).

수고는 헛되지 않아

이사야나 세례요한도 "내가 헛수고했나?" 하며
의심에 시달릴 때도 있었습니다(사 49:4; 눅 7:18 이하). 그러나
주를 위해 바친 수고는 헛되지 않습니다. 주의 일은 복음에
빚진 자 심정으로 하나님 앞에서 행하려고 목숨 바친
일꾼들을 통해 이루어져 왔습니다. 20대 영국인 청년
토마스 선교사는 조선 선교를 위해 탄 상선이 대동강변에
좌초하자, 조선인 몇 사람에게 성경을 나누어 준 후 참수를
당했습니다. 양화진 묘지를 방문해 보면, 선교사로 왔거나
선교사와 결혼한 지 몇 주 안 되어 질병으로 죽은 청년들도
있습니다. 헛죽음 같았지만 순교자들의 피로 교회가
세워졌습니다.

교회는 하나님 나라가 이 땅에 상륙할 전초기지가
되어 구한말 이 땅의 가난한 자, 여자와 아이들, 머슴과
백정 등 사회적 약자들과, 이상재를 비롯한 지식인 계층을
복음화했습니다. 복음은 나라 잃은 겨레에게 출애굽 독립
해방의 꿈을 심어 주었습니다. 또한 첩질, 도박과 술, 담배,
마약 등의 야만 문화를 한글 보존, 교육과 의료 등으로 계몽
변혁하여, 공의와 생명 존중 등에 가치를 둔 기독교 문화를
꽃피우는 씨알을 심었습니다.

우리나라가 하나님 나라 가치인 의와 평강과
희락의 나라가 되고, 그리스도의 진선미가 이 땅에
이루어지기엔 갈 길이 멀고 멉니다. 이 땅에 사는 주의
일꾼은 주님이 오시기까지 성서한국과 세계 선교를 이루는
의미 있는 일에 부름받은 자들입니다.

일꾼의 상급

바울은 주의 일꾼이 각 사람의 업적에 따라 주의
심판 날에 수고한 만큼 상을 받을 것이라고 말합니다(고전
3:10-15). 어떤 이는 영생 자체가 상급이라고 주장합니다.
그러나 예수님의 말씀입니다.

> 내가 진실로 너희에게 이르노니 나와 복음을 위하여
> 집이나 형제나 자매나 어머니나 아버지나 자식이나 전토를
> 버린 자는 현세에 있어 집과 형제와 자매와 어머니와
> 자식과 전토를 백 배나 받되 박해를 겸하여 받고 내세에
> 영생을 받지 못할 자가 없느니라 **막 10:29-30**

예수께서 상급을 영생과 구별하셨습니다. 마지막
심판 기준은 "각 사람이 행한 대로"입니다. 하나님은
두 가지 책을 근거로 최후 심판의 판결을 내리십니다

(계 20:11-15). 하나는 "어린 양의 책"(계 13:8; 20:12)으로 구원받는 신앙 여부를, 또 하나는 행위를 기록한 "생명책"입니다. 전능자 하나님이 내 인생의 모든 행위를 동영상 녹화하신다는 말입니다.

영생은 공로가 아닌 은혜로, 상급은 은혜가 아닌 공적에 따릅니다(고전 3:8). 세상 사람들과 달리 주를 위해 재물과 시간, 몸을 바친 일꾼들을 위해 하늘에 쌓아 둔 삯, 곧 상급이 있다는 말씀입니다.[27] 그 상급이 어떤 성격인지는 알 수 없습니다. 또한 상급이 결코 주의 일꾼의 희망은 아닙니다. 오직 그리스도만이 우리의 희망이요, 상급이십니다.

우리는 연약해서 날마다 순간마다 주의 은혜를 받고, 성령의 능력으로 재충전받아야 계속해서 일할 수 있습니다. 부르심받아 주님의 죽음과 부활에 연합한 자답게 쓰러져도 다시 일어나고, 피 흘리면서도 또 일어나 버티고 또 버티며, 복음을 말과 삶으로 증거하는 자가 주의 일꾼입니다. 부활신앙으로 순교를 당하기 전 노년을 맞았던 바울의 고백이 우리의 고백이 되었으면 합니다.

---

27   D. Guthrie, *New Testament Theology*, (IVP, 1981), 861f.

나는 선한 싸움을 싸우고 나의 달려갈 길을 마치고
믿음을 지켰으니 이제 후로는 나를 위하여 의의 면류관이
예비되었으므로 주 곧 의로우신 재판장이 그 날에 내게
주실 것이며 내게만 아니라 주의 나타나심을 사모하는
모든 자에게도니라 **딤후 4:7-8**

우리 모두 기다리던 그날이 오면, 영광스러운
부활의 몸으로 우리의 희망, 우리의 사랑이신 주 예수
그리스도의 얼굴을 보며 그 품에 안길 것입니다. 그때
"착하다 충성된 종아, 내가 너를 사랑한다, 기다리고 있었다"
는 칭찬을 받을 수 있어야겠습니다. 주의 일꾼들은 눈물로
복음의 씨를 뿌리며 함께 기도합니다.

"주여, 어서 오시옵소서! 그래야 우리가 살겠나이다."

그날이 오기까지 생명의 주 예수 그리스도의
은혜가 영원토록 이 책의 독자와 함께하길 축복합니다.
할렐루야!

하나님과 나

—— 나의 부르심의 위치와 역할은 무엇인가요?

—— 깊은 믿음으로, 헌신으로 뿌리박은 신앙을 위해서 오늘 내가

　　분투해야 할 것들은 무엇일까요?

그리고 우리

—— 교회 구성원의 각 지체가 몸이라는 말씀의 의미를 묵상하고,

　　참된 교회의 표지에 대해 토론해 봅시다(고전 12:12-27).

—— 하나님의 일과 하나님의 사람, 그 둘의 조화를 어떻게 이루어

　　나갈 수 있는지 토론해 봅시다.

부활의 복음 때문에

　　우리는 부활의 복음 갤러리를 거닐면서 바울의
걸작 고린도전서 15장의 단락들을 나누어 감상했습니다.
불후의 걸작을 설명하는 큐레이터로서 제가 부족한
점이 많아 작품에 대한 이해나 풀어 설명하는 언어가
만족스럽지 못했을 것입니다. 그럼에도 불구하고 정성껏
여기까지 함께해 준 분들에게 고마움과 아쉬운 작별
인사를 전하면서, 두 가지 소식만 나누고자 합니다.
하나는 부활하신 우리 주님은 지금도 연약한 자를 찾아와
도와주신다는 소식이요, 다른 하나는 죽어 가는 공동체를
구원의 복음으로 살려 내실 수 있다는 소식입니다.

부활하신 주님은 약자를 위로하신다

초등 4학년 시절 전쟁 중에 저는 서귀포에서
신장염으로 시들시들 죽어 가고 있었습니다. 집에 온
동네사람이 누워 있던 저를 보고 "죽지도 않고 살지도
않네요" 하는 거친 말도 들은 적이 있었답니다. 평안도 출신
강 장로님이 소식을 듣고 찾아와 주셨습니다. 예수 믿기
전에 술도가집 아들로 하도 술을 드셔서 코끝에 빨간 술독이
올랐던 분입니다. 누워 있는 저에게 손을 얹고 간절히
기도하셨는데, 70년이 흐른 지금도 또렷이 기억이 납니다.
그리 큰 소리로 외치신 기도는 아니었습니다. "주여, 이
아이의 머리끝부터 발끝까지 깨끗이 낫게 해주십시오!"
순간, 전기가 통하듯 온몸에 찌르룻하는 기운이 흐르는
것을 느꼈습니다. 2주 후 저는 일어났습니다.

사춘기 이후 교회를 등지고 방황하며 신앙을 버렸던
시절에도, 이 기억만은 잊히지도 부인할 수도 없는 생생한
경험이었습니다. 후에 제법 이런저런 공부도 해왔지만,
제가 예수 그리스도의 부활을 믿는 이유는 머리로
이해되어서가 아닙니다. 온몸에 흐르던 그 불가사의한 힘,
신기한 능력을 전 존재로 맛보았기 때문입니다. 저는 그
힘이 바로 살아 계신 주님의 부활 능력이라고 고백합니다.

저더러 신비주의자라고 하든, 자기 경험을 일반화한다고 비판해도 괜찮습니다. 사실은 사실이니까요. 저는 주님이 살아 계시는 분이심을 성경으로 알기 전에 제게 찾아와 주시고 죽어 가던 저를 살리신 사건으로 알게 되었습니다. 물론 회심 이후 성경과 기독교 서적들을 읽고 공부하면서 그리스도의 십자가와 부활의 복음은 더욱 깊게 제 속에 각인되었습니다. 부활의 증인으로 쓰시기 위해 의심 많은 저에게 찾아오셔서 이런 특별한 경험을 하게 하신 은혜의 사건으로 여기고 있습니다.

성령은 "예수를 죽은 자 가운데서 살리신 이의 영"(롬 8:11)이십니다. 그래서 지금도 부활하신 그리스도를 성령의 임재와 활동으로 만나는 경험을 하게 하십니다. 부활의 경험, 하나님 나라를 누리기 등의 깊은 체험은 영성이 약한 제게 일상이 되진 못함을 부끄럽게 고백합니다. 하지만 치유와 회복, 회심하던 시기의 특별한 경험, 수양회에서 성도와 함께 찬양하고 기도하며 맛보던 천국의 기쁨, 말씀을 전하면서 경험하는 성령의 임재와 감동 속에서 부활을 누리고 맛보고 살아왔습니다. 부활하여 살아 계신 우리 주님은 믿는 자 안에 거하시면서, 부활의 능력으로 연약한 신자들을 위로하고 돕고 계십니다.

연약함은 부활의 주님이 찾아오시는 통로입니다.

병으로 죽도 제대로 먹지 못하고 죽는 게 무언지도 모른 채
죽어 가던 그 시절, 부모도 선생도 친구도 의사도 아무
도움을 줄 수 없었습니다. 그 순간, 절묘한 타이밍을 맞추어
찾아와 치유해 주시고, 마침내 회복되게 하시며 위로해
주신 분은 살아 계신 주님이셨습니다. 성경의 '위로'란
단어는 감정을 어루만지는 말이나 몸짓만을 가리키는
말이 아닙니다. "더 강하게 능력을 준다"는 의미입니다.
약함이 부활의 주님이 머무시는 삶의 자리였습니다.

      우리 주님은 각 사람의 필요를 아시고, 각자에게
알맞은 때에 적절한 방법으로 당신의 살아 계심을
나타내십니다. 주의 부활은 확실합니다. 시간과 공간
안에서 일어난 사건이었습니다. 처음 부활절 새벽,
예루살렘 성밖 무덤에서 하나님의 일으킴받아 살아나신
주님이 여러 가지 약점 많은 사람들을 찾아와 위로해
주셨습니다. 두려워하던 막달라 마리아와 숨어 있던
제자들을 찾아와 평안을 주셨습니다. 의심하던 도마에게는
확신을, 죄의식과 수치심을 극복 못하던 베드로와
요한에게는 먹을 것, 사랑과 회복을 주셨습니다. 부활하신
주님이 어떻게 연약한 자를 도우시는가는 요한복음 21장과
누가복음 24장에 감동적으로 기록되어 있습니다.
실의와 절망감에 빠져 엠마오로 낙향하던 두 제자들은

만약 주님을 만나지 못했다면 평생 우울증에 시달렸을 것입니다. 그들을 찾아오신 우리 주님은 함께 걸으며 대화를 나누셨습니다. 그들의 영적인 눈을 뜨게 해주시고 냉랭해진 마음을 따뜻하게 해주셨습니다. 그리고 그리스도 중심으로 성경을 읽고 해석할 수 있는 은혜를 베푸셨습니다. 함께 음식을 나누시고, 함께 머무셨습니다.

부활하신 우리 주님은 사람이 피할 수 없는 질병, 노화, 죽음의 자리에도 찾아와 위로하십니다. 은퇴하면서 서해 바닷가를 찾은 적이 있습니다. 낙조에 끌려 바위에 걸터앉았는데, 바다 너머 아스라히 보이는 섬 위에 태양이 걸려 있었습니다. 잠시 후, 마지막 힘을 다 쏟듯 붉게 타오르던 해가 짙은 구름 속으로 마치 품위 있는 왕족의 걸음처럼 느릿느릿 모습을 감추는 것이었습니다. 한참을 호젓이 앉아 있다가 문득 저는 메모지를 꺼내 이런 기도문을 적었습니다.

주님, 힘차게 솟아오르는 일출도 아름답지만
품위 있게 사라지는 일몰이 더욱 아름답네요.
하지만 주님 품에 안기는 그 순간까지 더욱 타오르고 싶네요.

일몰이 아름다운 이유는 밤을 지낸 후 아침 해가

다시 힘차게 떠오르기 때문 아닐까요? 머잖아 저도 해가
기울 듯 사라질 것입니다. 그러나 소멸하는 나의 육체에도
불구하고 감사할 수 있습니다. 부활이 있기에 제 누추한
일생도 감히 아름다웠다고 말할 수 있습니다. 부활이
있기에 우리는 죽음이 찾아와도 절망하지 않습니다. 이
땅에서 고달픈 삶을 하직하는 날, 사랑하는 주님의 품에
안겨 하늘나라의 영광을 누리게 될 것입니다. 거기서
그치지 않습니다. 주님 다시 오시는 그날, 소멸했던 나의
몸도 다시 살아나서 영원히 주님과 함께 영광스럽고 강한
영의 몸으로 살 것입니다.

부활 운동이 망해 가는 세상을 살려 낸다

그럼, 죽지 않고 영생하는 우리는 부활의 날을
기다리며 찬송만 하면 될까요? 살아 숨쉰다는 건,
생명의 주님께서 나에게 맡기신 일이 아직 남아 있다는
말입니다. 고마운 일입니다. 하나님의 일에는 사직, 퇴직이
없습니다. 하나님 나라를 세우기 위해 우리를 부활의
복음 운동원으로 당신과 동역하길 바라시니, 우린 엄청난
특권과 복을 받은 사람들 아닙니까.

사람은 외딴 섬이 아니라, 개인적으로 아무리
건강하고 복을 받았다 해도 자기가 속한 사회가 병들어
죽어 간다면, 혼자서 행복할 수도 희망을 찾을 수도
없습니다. 부활하신 주님은 먼저 개인을 일으키신 후,
그들을 다시 부활의 증인으로 삼으셔서 잃은 양들을 치고
먹이는 선한 목자로 세상을 살려 내는 일에 부르십니다.
그들이 속한 가정, 교회, 국가 등 공동체가 시들어 죽어
가고 있을 때, 우리 주님은 부활 공동체인 교회를 새롭게
하셔서 세상을 치유하고 살려 내십니다. 개인과 사회를
도우실 때 주님은 차이를 두시는 것 같습니다.

　　　저는 그리스도의 복음을 받아들이고 새 생명을 얻은
후, 동역자들과 함께 대학생복음운동에 힘써 왔습니다.
이를 통해 교회를 개혁하고 사회를 변혁해서, 성서한국과
통일한국, 선교한국의 꿈을 이루자며 평생을 성경 말씀으로
섬겨 왔습니다. 이제 모든 일을 후배들에게 맡긴 상태입니다.
그러나 슬픕니다. 잘못 섬긴 것이 너무 많았습니다.
반세기를 섬겨 왔으나, 이제 혼란 속에 있는 우리 현실을
보며 분노하고 절망스럽고 고통스러운 시간을 갖고
있습니다. 교회나 나라가 왜 이렇게 되고 말았을까요?

　　　성경의 진단은 교회 지도자들과 교인들이
그리스도의 복음을 바르게 알지 못하고 복음에 합당하게

살지 않는 데서 온 것입니다. '중증 복음 결핍증'에
걸렸다는 것입니다. 개인적으로나 공동체적으로 복음이
왜곡되거나 무시되고, 짝퉁복음, 거짓 사상과 가르침이
난무하기 때문입니다. 예수는 성경대로 우리 죄를 위해
죽으시고, 일으킴받아 다시 살아나셨고 다시 오신다는
예수 그리스도의 복음, 죽음의 그늘 아래 있는 세상을
살려 내는 하나님 나라 복음을 어찌 부끄러워할 수 있단
말입니까. 세상을 고치고 바로잡고 화목케 할 교회가 서로
판단하고 정죄하며, 사회에 극한 혼란을 주고 있을까요?
공의와 사랑 대신 증오와 편 가르기에 힘쓰는 모습을 우리
주님께서 얼마나 분노하시겠습니까. 자기 실리를 위해
진리를 십자가에 넘겼던 빌라도와 같은 행태가 세상을
지혜롭게 사는 처세방법으로 여겨지는 시대입니다. 왜
교회 지도자들 가운데 예수님의 제자들을 찾아보기 어렵고
바리새인과 서기관의 누룩에 감염된 비루한 자들만
보일까요? 절망하고 포기해야 할까요? 다른 무엇으로도
희망을 찾을 수 없는 시대입니다.

> 기독교는 단순히 하나님 나라 운동이 아니라, 처음부터
> 부활운동이었습니다(Christianity was not just a Kingdom of God
> movement; it was, from the start, a resurrection movement).[28]

우리의 소망은 예수 그리스도이십니다. 그리스도의 십자가와 부활의 복음만이 세상을 구원할 하나님의 능력입니다. 사도행전 역사가 명백하게 알려 주듯, 기독교는 처음 출발부터 부활운동이었습니다. 기독교 역사 가운데 모든 부흥운동, 각성운동, 교회갱신운동은 그리스도의 십자가와 부활의 복음정신으로 돌아가 새로 시작하는 몸부림으로 출발했습니다. 우리의 일상이 복음에 합당한 삶이 되고, 주의 몸된 교회의 영광을 회복하고, 이 세상에 하나님 나라가 임하도록, 다시 성서한국의 꿈을 포기하지 맙시다.

그리스도인은 예수 그리스도가 죽은 자 가운데서 다시 살아날 것을 믿으며 "바랄 수 없는 것을 바라는" 희망의 바보들입니다. 그러기 위해 지금 여기서 나도 가까이 있는 한 사람에게 복음을 전하는 일부터 시작할 수 있도록 살아 계신 주님께 부탁하며 이 글을 마치려 합니다.

> 나는 부활이요 생명이니 나를 믿는 자는 죽어도 살겠고
> 무릇 살아서 나를 믿는 자는 영원히 죽지 아니하리니
> 이것을 네가 믿느냐 **요 11:25-26**

---

28   N. T. Wright, *The Challenge of Jesus*, (SPCK, 2000), 100.

부활이 있기에

Because He lives

<u>지은이</u> 이승장
<u>펴낸곳</u> 주식회사 홍성사
<u>펴낸이</u> 정애주
국효숙 김의연 박혜란 송민규 오민택 임영주 차길환

2025. 3. 14. 초판 발행   2025. 4. 28. 2쇄 발행

<u>등록번호</u> 제1-499호 1977. 8. 1.
<u>주소</u> (04084) 서울시 마포구 양화진4길 3
<u>전화</u> 02) 333-5161 <u>팩스</u> 02) 333-5165
<u>홈페이지</u> hongsungsa.com <u>이메일</u> hsbooks@hongsungsa.com
<u>페이스북</u> facebook.com/hongsungsa
<u>양화진책방</u> 02) 333-5161

ⓒ 이승장, 2025

ISBN 978-89-365-0396-3 (03230)